学芸みらい教育新書 ⑭

プロを目指す授業者の私信

向山洋一
Mukoyama Yoichi

学芸みらい社

まえがき

本書は、旧版『若き授業者への私信』の内容を、授業論などを中心に構成し直した。

私信・手紙というものは、人間の生き方の切っ先を示してくれる。生きている人間の息づかいが伝わってくるのである。その瞬間、その瞬間の真剣な対応が込められている。

私は、これまでに多くの教師に出あってきた。同僚であったり、先輩であったり、時には見知らぬ人であったりした。そのような人々との出あいに、私は手紙を書くことが数多くあった。

たとえば、研究授業を終えたあとの感想である。そのような時、私は授業について集中的に考えることが多かった。

たとえば、尊敬すべき先輩教師への手紙である。それは、私の「志」、当時は法則化運動などに、協力や支援を依頼する内容が多かった。そのような先輩教師の多くの方は、私のような者に、様々な面から知恵とお力を貸してくださった。

たとえば、編集者への手紙である。その内容には、当時の私の教育に関する問題意識とこれからの仕事の方向が語られていた。

総じていえば、これらの感想や手紙などの私信の中で、私は、自身の考える「授業論」「教育論」を語っていた。

また、手紙は私が書いたものだけでない。ずいぶん多くの手紙をいただくこともあった。そのような彼我の多くの私信の中で、私自身心に残る手紙が何通もあった。それらを取り出して構成したものが本書である。

新版に改めるに際しては、構成上やむなく旧版から外した手紙も何編かある。それらの中から、特に印象が深かった人物と彼に関連する私信の一部を紹介する。

大森修氏や飯沼宏氏などの新潟大学附属新潟小学校の国語グループが、私の学級を参観された当時、東京大学の学生A氏から、参観の申し込みをされた。私は、このA氏の手紙を読んで、大変好感をもち、その熱意にも打たれた。彼を心底すばらしいと思った。私よりずっと年下であるが、私は自然に頭が下がった。

この時、実はある方から、A氏の（参観の）推薦もいただいていた。その方には、次のような私信を出した。

A君からは「一時間や二時間見ても私の授業は論じられないので、単元全体を見せてほしい」という申し込みでした。だから私はA君に、次のことを要求しました。
一　A君が私の授業について論じられるという、A君自身の研究的力量を示すこと。
二　このことは、向山にとっていかなる意味をもつのかということ。

三　東大の中で、教室の中で、私も対象として取り上げる必要があること
　を主張すること（それは、大筋において向山批判であってもかまわないから）。

　このようなことが、三〇点ぐらいのできで満足させられれば、単元全体を引き受けますと伝えました。（中略）仕事というのは、このように先方に対して甘えることだけではなく、自分自身も何がしかのことをしてこそ、本当にお互いにとって意味あるものになることを知ってほしかったのです。

　本書に収めた私の私信は、全体として若い教師の参考になるだろうと考えた。自分の生き方をそのままさらすことによって、「若い教師へのメッセージ」となるようにした。
　本書中の私信は、つまりは「人との出あい」であり、「授業との出あい」であり、「教育との出あい」である。本書を読まれた方々が、よりいっそう豊かな出あいを創られることを願いつつ。

目次

第1章

校内研究授業で——若き教師への私信

1　問題意識を引き出す

調布大塚小時代、西川満智子先生は大切な研究仲間であった。

とってても人柄が良くて、温かい人だったので子供からも親からも好かれていた。教師の間でも人望は高かった。

私は、研究授業の時など、西川先生に感想を書いていた。実は「感想」を書くことによって、私自身も考えていたのである。次の手紙もそうである。

よい授業であったと思います。上手な授業であったと思います。

教卓のまわりにすわらせ、実験を見せる時のあの集中！

問題を出した時の子供たちのあの豊かな反応！

授業全体にただよっていた温かさと上品さ！

前に拝見した時より数段よいと思いました。

西川さんが今までされた授業の中でも、最高の部類に位置するのではないかと思います。

私は、あのようなよい授業はできそうもありませんし、上手な授業もできそうにありません。しかし、私だったら、こうすると思った部分がいくつかありました。それを書いてみることにします。

A、「ビーカーの空気をなんとかしなくてはいけない」と言ってきた子供がいました（いいクラスだと思いました。ああいう意見が出るクラスの担任は、並々ならぬ力があるのだと思います）。

私なら、この問題をもっと大きく取り上げ「『間』をためた」と思います。

B、初めの実験の時、子供たちの方法は大まかに分類して五種ありました。

私なら ⓐ→ⓔ の順に実験をさせました。どこがいけないのか、一つ一つ考えさせました。

西川さんはⓔから始めました。「これでいいのかもしれないとも思いましたが、私と

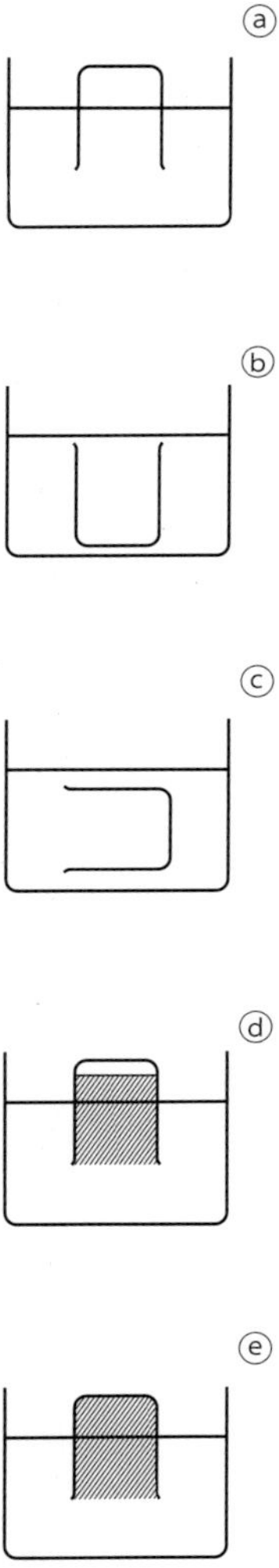

西川さんの授業で最もちがうとしたら、この点ではないか」と思いました。
C、二度目の実験の時、ⓔの方法でやらないグループがいくつか見られました。

以上のことを、いくつかの面から論じてみます。

> ① 二度目の実験の時、なぜ水上置換をしないグループがいくつか生まれたのか？
> ② 教師は、そのことについて、どう判断したのか？　または判断しなかったのか？
> ③ そもそも、授業をしている時、教師は「何のことで」最も悩む必要があるのか？
> ④ 「授業で（子供と）勝負をする」というのは、どういうことなのか？

①′ 水上置換の方法を、「子供の事実から」教えなかったからだと思います。つまり、ⓐ→ⓔの方向で、ていねいに教えることが必要だったのです。
②′ 判断をしていないというように思えました。「事実から」出発しないで、「未来の予定」から授業をすすめていたからです。
③′ 「事実」をどのように組み立て（問題意識をはっきりとさせ）、それの解決に向かうのか

ということです。

④′ 子供の「考え」や「事実」から出発して、その「考え」や「事実」を整理することで勝負になるわけです。

西川さんは、「子供の事実」をどうするかで苦しんでいないのです。それは、今までの授業が、すべて、そうであったからだと思います。今日の西川さんの授業をさらに前進させるためには、このことを通らなければいけないと思います。

別の角度から言います。西川さんが子供たちに与えたのは「問題」であって「問題意識」ではなかったのです。「ビーカーの空気をどうするか」を、もっと大切に取り上げたら、「問題意識」のある授業になったと思います。そうすれば、子供たちが「何をすればいいのか」という点が、はっきりした授業になったと思います。

実験の時、「何をするのか」が、はっきりしなくなっていたように見えましたが、そのせいだとも思います。

「『子供の事実』から出発して、それをどうするかということで授業中に教師は悩み、時には勝負する」というのは、かなり、高度な（一般的ではない）感覚と思いますが、ぜひ考えてもらいたいと思います。

もう一つ、「問題」を与えるのと、「問題意識」を引き出すこととは、異なるということについても考えてもらいたいと思います。

前回、一九七九年一一月二九日の体育の授業に関しては、個別の技術などに重点をおいて述べました。

しかし、今回は、そのことを通して、授業の骨格にあたるようなことについて述べてみました(それだけ私は、いろいろと考えさせられました)。

なお、「手をうしろにやって」というような、全くの形式的な指導は、せっかくの授業をこわしているように思いました。

自然の流れの中に、不自然な(それも相当に品のない)動きが入るからです。

おつかれさまでした。

一九八〇年一二月八日

向山洋一

西川先生

2　授業は組み立てが大切

前出の西川満智子先生が研究授業の事前授業を他学級で行った。

五年社会科、三陸の「海苔養殖」である。

メモ程度の私の感想だったが、授業についての大切なポイントを主張していると思う。

一九八一・一一・七(土)、自分　及、西川先生の授業感想を述べます。

1、気仙沼をさがさせる時、「指をのせてごらんなさい」と言いました。「たいへんよい」と思います。新見謙太先生の言う「片々の作業」です。「片々の技術」の大切さを新見先生は主張しています。

2、「一九六五年は昭和何年ですか」とたずねました。こんなつまらない質問はしないことです。授業がだれます。

3、「生産高がどうしてのびてきたのか」との問いについて、「何かがあった。何もなかった」と言ったあと、すぐに答えさせています。これは、だめです。たとえば、まず「ノートに書いてみなさい」と指示することです。問いと答えの間をおくことです。子供が答えたくなるまでためることです。答えたくて答えたくてしょうがないようにすることです。

4、子供が機械化にふれた時、「機械のことにとびつきました」としたのは、とてもまずいです。短くすぐに切りあげたからまだよかったのですが……、「どうしてのびてきたのか」をもっともっともっと出させるべきです。

それから一つ一つの内容を吟味することです。それが「授業」というものです。

5、子供の答え

A　機械÷設備
B　海からもってくる
C　つくる人がふえた
D　組合ができた
E　海がきれいになった
F　わかめを食べる人がふえた

子供の答えをA～Fとして板書しました。ひどいです。カテゴリーを同じものとすること。

出てきた問題を整理することです。

たとえば

食べる人がふえた

そのため
⇩

A　機械をふやした
B　養殖する人がふえた
C　海がきれいになった（?）
D　組合ができた（?）

6、どれに賛成しますか、手を挙げなさい。とすぐに聞きました（これはいけません）。

①　もっと、「ためる」ことです。
②　期待をいだかせることです。
③　どうかなあ、と思わせることです。

たとえば、

A……人
B……人
C……人

7、教科書のどこかに出ています、と説明しました。

「では、Bを見てみます」というように、ゆっくりやっていきます。

8、養殖の仕方の説明を口でしました。

まるで芸がないです。何とかならないですか?

⇨ 絵が必要です。

むこうの人が送ってきた絵を、そのまま印刷するのがいいと思います。現物はそれなりの価値があります。

9、「海から取ってくる」と子供が言った時、「ちょっとちがうのですね」と先生は言いました。

10、ちょっとはいりません。ちがうのだから、消すかバツを付ける方がいいのです。

ふえると思う人　一四人↓六人
へると思う人　一七人↓二四人

ここまではいいです。しかし、すぐ次にすすんでしまいました。

●もっとためておくのです。

●仮説の部分を吟味させるのです。

11、「きまりがきびしくなった」ことが出てきた時、「たとえば」という話をしました。

これは必要ありません。脱線しない方がいいのです。

12、子どもの一人が、「食べる人がいなくなったからって、どうして作る量が少なくなったのか」と言いました。

変な意見です。だからたいへんよい問題です。ここが大切です。

先生は「ほかに」「ほかに」などと言わないで、子供の言った論点を整理することが必要です。

13、たとえば、「一つだけ論点を選びなさい。」と問い、

意見をかんたんに言わせます。

そして、下のように黒板に書きます。

先生は聞いてみました。

水宮

	人数
1……	23
2……	18
3……	
4……	
5……	
6……	
7……	

先生は答えを教えてやりました。実につまらない授業です。

(1) ノートに書きなさい　二分

(2) 班ごとに話し合い　二分

発表、ノート確認

先生「この中にありません。もっと考えてごらんなさい」

このようにしてやることが大切です。

1 子供の意見をノートなどに整理すること

2 どれに賛成しますか、と手を挙げさせること

3 一つだけ選びなさい、と単純化すること

授業は組み立てが大切なのです。

以上

3　授業の諸原則

調布大塚小学校は研究熱心な学校であった。

若く知的な教師が多かった。松山先生もそんな一人だった。若くてすてきなお母さん先生である。

松山先生が理科の研究授業をした。ゴムでロケットを遠くに飛ばす授業である。

研究授業が終わった後、私は松山先生に長文の感想を書いた。

次の文である。

松山先生へ

授業について久しぶりに、本格的に論じてみたくなりました。

1、まず指導案の書き方です

「基本的なルール」に、はずれているところが見られます。

「学習活動」とは何か？　「留意事項」とは何か？　などの理解が少しあいまいのようです。

別紙に、記入してみました（ゴシック体の文字―向山記入）。

〈本時の展開〉

時間	学習活動	留意事項
20′	ゴムの伸び縮みの大きさや本数を変えたりしてロケットを飛ばしてみよう。 ↓これは「学習活動」でも「教授活動」でもありません。「発問」でしょう。 ○強くひっぱったり、弱くひっぱたり、本数を変えたりしてロケットの飛ぶ方法を考えながら飛ばしてみる。 ○どんな星へ飛ばすことができるか、自由に試みる。 ○いろいろな星へロケットを飛ばしてみる。	・ロケットのおもり（クリップ）はあらかじめ四個付けさせておいた。↓おく。 ○人のいる方には、飛ばさない。飛ばしたら、左の端を通って帰ってくる↓よう指示する。 ・輪ゴム、押さえ棒を用意しておく。

7′←

この三つは、三つのステップなのですか。一つのステップならどれか一つにまとめた方がいいと思います。

［月の世界……水色の紙
［木星の世界…黄色の紙

どのようにして、それぞれの星に飛んだのかを話し合う。

「どのように」は、状態にウエイトがかかりすぎます。「ぱっと飛んだ」でもいいことになります。「どうやったら飛んだのか」と、方法・工夫を聞く言葉がいいでしょう。

○それぞれの星のねらい方のちがいを話し

・押さえ棒のゴムの付け方は練習させておいた。↓おく。

必要ないと思います。

○ねらいを定めて、いろいろな星に入れる。

これは留意事項ではありません。「学習活動」です。

○木星に飛んだ児童の発表を聞き(学習活動)、月までしか飛ばなかった児童はなぜかをよく考えさせる。(教授活動)

→ 18′ ← →

合う。
○ゴムのひき方や本数などを発表する。
これも一つにした方がいいと思います。

> 遠くに飛ばす工夫をさせる。
> これは「教授活動」です。「学習活動」なら「工夫する」になります。

○ゴムを強くひっぱる。
○ゴムを二本にして、強くひっぱる。
これは学習内容(とばし方の工夫)で、
○よく飛んだ子にどのようにしたら飛んだか発表させる。
こちらは学習活動です。異なることがらを同じ○で示すのは混乱のもとになります。

学習活動プラス教授活動です。留意事項ではありません。

○遠くに飛ばす工夫をさせる。
教授活動です。
○グループ別に色分けした印(プリンカップ)をまちがわずに置~~けるようにさせる~~(かせる)。ため、
——に留意する。
など、留意がぬけています。

評価　ゴムの伸び縮みの大きさや本数を変えたりしてロケットを遠くに飛ばしていたか。

を○○○によって評価する。例・発表、観察、挙手

何をすることによって評価するのかを示します。

2、授業の最後に「まとめ」ようとされ混乱しました。

「教師は何とか指導したい」。ところが「子供は思うようにならない」。これこそが授業の骨格だと思います。

普通は「力」でねじふせてしまいます。が、「授業の流れ」「経験」「事実」などによって納得させようとすると、大変なわけです。

しかし、こここそが、授業研究の中心課題でもあります。

授業の中の、このような混乱は、私は好きです。

このような「混乱」が生じる授業は「よい」とは言えませんが(わるいとも言えません)、「混乱」が生じる教師は、まちがいなく、「よい教師」です。

私は、そう思っております。

3、授業は「指導の原則」の組み合わせです。まず、欠点と思えることについて述べます。

①

子供を解散させる時は、「終えたらどうするか」まで言ってから解散させます。
これは原則です。

例・「五分たったら集まります」「先生が止めというまでやります」

②

「活動している最中に、全体にかかわることを言ってはならない」というのも原則です。

指示が徹底せず、子供の中に混乱が生じるからです。もう一度集めて言います。

③

「子供を解散させた後は、追加修正をしてはならない」これも原則です。

企業でも、軍隊でも、組合でも、およそ人間の集団を動かす時の鉄則とも言うべきことです。一度動かしたら、よほどのことがない限り「言い忘れたこと」は追加しません（追加する時は、全員を集めます）。

次の指示をする時に、修正するしかないのです。

④

「子供との視線は、近いほどよい」これも原則です。

⑤

「床にすわらせる」のなら、教師はしゃがむか、せめて椅子にこしかけるべきでしょう。

「教師が話す時は、子供の方を向いている」ことも大切です。

ものを取り出しながら、子供に背を向けて言っていた時がありますが、よくないと思います。

⑥「指示は、短く言う」方がいいのです。これも原則です(一時に一指示)。長くなる時は、二つ三つぐらいのステップに分解すればいいわけです。「一本の輪ゴムを付ける」、「それで飛ばしてみる」、「いろいろ工夫してみる」というようにです。

⑦テンポが速いです。もっと、「ゆったり」子供の動きを「待つ」ことがあってもよいと思いました。

4、よい点を言います。

①「ものを置かせてから話す」よう努めていました。

教師が話す時、子供の手には何もない状態にするのは原則です。

何度か注意されていましたが、大切なことだと思います。ただし、徹底を欠いております。

②「〇〇ちゃん聞いてる?」という個別の言葉が何度かありました。

大切なことだと思います。

③カップの置き方についての訂正を、全員集めてやっていました。

指示する時は、「全員を集めて、きっちりとやる」ことが大切ですから、これもいいと思いました。

④全体の子を視野に入れようとしている、これもいいと思いました。

⑤あたたかい、雰囲気がありました。

大切なことです。

それにしてもT君は面白いですね。

「十本のわ」にしても、「五本つなぎの長いわ」にしても、とっても面白いと思いました。

私は、ああいう子が大好きです。授業の宝です。

5、次に、授業内容にかかわることです

①低学年の子に「プレイ」「自由試行」をさせるのは、「どの子にも学習内容を体験させる」ことをねらいとしています。

ところが先生は、授業の最後でまとめをして、その中で「分からせよう」としていました。

これは原理としては、おかしいと思います。まとめの時には、すでに「体験」しているはずですから。「まとめ」をするなら、「どの子もそのことは体験していた。そして、それが大事なのが分かった」ということであるはずです。「まとめ」で分からせようとせざるをえないのは、どこかがおかしかったのです。「体験が不足していた」のです。

②「プレイ」をすると、「何か発見」します。「一本より二本がいい」というようなことです。

この情報は、どうやって流れていくのか、興味があります。

「飛ばしている所」(前方)と「ゴムを付けている所」(後方)を見ていたのですが、「ゴムを付けている所」で伝わるようです。「となりの人」へがほとんどです。ゴムを付けながら、ひとり言を言ったり、おしゃべりをしたりするわけです。これが大事だと思いました。

先生は、みんなを集めて「話し合わせる」ことで、それをしたかったようですが（それも大切ですが）、他にも工夫できないものかと思いました。

たとえば、「ゴムを付けながらおしゃべりをする」そこで、情報は伝わるのですから、ゴムの置き場を、二、三カ所にしてしまうのです。そこに集まってきた子供同士で、話がされると思えます。

③情報の伝え方は、もっとビジュアル的な（視覚的な）方がいいと思います。

A　つなぎ方

1本

2本

5本

B　つなぎ方

①　②　③　④　⑤

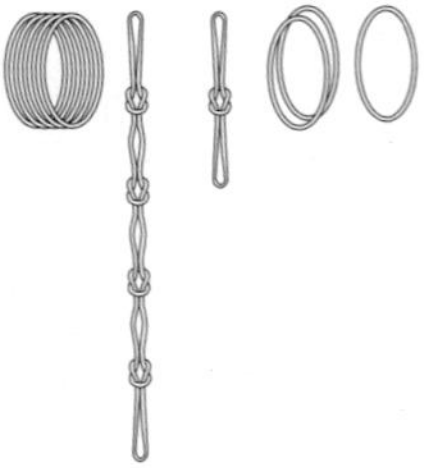

それは、Bのように図を示しますと、図を見ながら子供は頭の中で操作をするからです。

「なるほど2本か
では3本はこうすれば、いやこういうのもある」というよう
にです。

　これが「3本」という文字で示されたのでは、頭の中で動きません。

④子供に示す発問は、大切です。
授業の命です。
先生は、次のように表現されました。

A	ゴムの伸び縮みの大きさや本数を変えたりしてロケットを飛ばしてみよう。	指導案
B	ロケットを飛ばしてあそぼう	黒板へはった紙
C	遠くに飛ばしてみよう	授業中

もっと吟味して、まとめる必要がありそうです。
たとえ一〇〇回言っても、「まったく同じ言葉が出る」というのが発問の条件です。

たとえ、わずかでも、「言葉がちがってしまう」のは、いけない発問なのです。
研究授業は、自分の成長にとって、大切な場です。
それと共に、まわりの教師にとっても、考える素材を提供してくれる大切な機会です。
だから、私の思っていることを率直に述べました。非礼はお許しください。

一九八五年二月一五日

向山洋一

松山先生

4　初心者の授業の問題点

私は校内の研究授業を見て、多くのことを学んできた。それも、集中している時がよかった。

そんな時は手紙を書きたくなる。私の手紙は、多くの人に喜ばれたが、実は私自身が勉強しているのであった。

教育実習にＫ・Ａさんが来た。私の後輩である。上品な理解力のある人だった。社会科で研究授業をすることになった。

学校のすぐとなりに呑川《のみかわ》が流れていて、昔はしばしば洪水をおこした。彼女はそのことについて考えさせる授業を行った。

昔の写真を見せ、川の深さのちがいに気付かせ、なぜそうなったのかを話し合わせるのである。指導案は四三ページにある。

私の批評は次の通りであった。

欠点を述べます。その次に感想を述べます。

1、子供の意見が聞きとれていないようです。

「水深が浅い」のは、確認できたようですが、その理由は次のようでした。

Ａ　子供………水の量が多い（つまり、底は深い）、水が深い。

Ｂ　教師………川が浅い。

また、次のような貴重な意見が出ていましたが、活用できなかったようです。

ア、川に階段がない。

イ、川の側面に（下）水の出る穴がない。

ウ、カベのもようがちがう（たての細長い石のため）。

エ、カベが少ない。

これらの意見はどれも、「川が浅い」ことを確認する重要な意見です。

2、「それまでの意見をくくる」ことができていません。

子供に意見を求める時には、今までに出た意見をいくつかに類別することが必要です。意見をくくるのです。確認して、分類するわけです。論点を明示するのです。

その上で、意見を求めるのです。

3、そうでないと、「何について発言していいのか」子供は分からなくなります。
「くくった意見のどれに賛成するか」挙手をさせます。

どの意見に賛成なのか、態度決定をせまるわけです。

こうすると、一人一人が、考えざるをえない場面に追いこまれます。

4、「教師の論理が優先されている」場面が目につきました。
K君は、「蒲田の方の川は深い」という発言をしました。「雪谷はちがう」と言っているのです。

この段階でも、A「水の量が多い(ために浅い)」のか、B「川が浅い」のかとまどいが出ています。

子供は、Aと考えているようです。これが「子供の論理」です。

それを「教師の論理」(B)に、強引に変更します。

K・A先生は「深く掘ったということが分かったね。どうしてそんなに深く掘ったんだろう」と言いました。ピントはずれです。

5、「ユニークな意見」が無視されています。

T君の次の二つの意見はユニークです。全体の流れからずれています。だからこそ貴重です。

㋐ 工業用水が多くなったために、川を掘った。
㋑ つりをする人のために、川を掘った。

私なら、「しめた!」と思い、ぜったいに取り上げます。

6、「資料の三ページ」を開いて、K・Aさんが読みました。
「どこに書いてあるの」と、子供に聞くべきでしょう。また、Oさんのお母さんの文ですから、そこまで読むべきでしょう。

7、洪水の写真を、何の動機付けもなく見せました。
宝をどぶに捨てた感じです。
「川の水があふれるって、どうなるんだろう。目をつぶって想像してごらんなさい」
「この呑川の写真を、これから見せてあげるね」

このぐらいの演出は必要です。

8、私は、「授業時間の延長」は、減点します。

三〇秒ごとに一〇点減点です。五分延長で一〇〇点減点というわけです。

今日のは、三〇秒の延長でした。減点一〇です。まあまあというところでしょうか。

9、子供の発表を、いちいち教師がまとめる（くり返す）必要はありません。

ただしごくまれに、くり返すことはありますが、そのたびに、授業の流れがぶつぶつになってはいけません。

教師が発言するたびに授業が悪くなる、黙っている時の方が、はるかによい、――ということです。

10、Y君の手が挙がっていた（大事な時）のに見のがしました。

11、「なぜ」ということは、できる限り問わない。「どのように」という形で問うことが大切です。

「なぜ」明治維新が起きたか――などということは分からないのです（むろん、「なぜ」を問わなくてはいけない時もありますが……）。

12、日ごろから、「教えすぎ」のようです。一問一答になっています。

もっと「大きな問題」を与えて、いろいろ考えを聞いた方がいいようです。

その点で、今日のは、今までよりはるかによかったです。

ご苦労様でした。

教師になってから、研究授業をいっぱいしてください（私は新任の年に一〇回やりました）。どう理屈をつけようと、「研究授業」の体験こそが、授業の力をつける場なのです。若い時が、やはり勉強になるもので、新卒時代で五〇パーセント、三年目までで八〇パーセントでき上がってしまうと言います。この期間の「研究授業」などの勉強が大切なのです。

「新卒三年で、その後の人生が決まってしまう」というのは、附属小などの教官には常識的に伝えられていることです。

一九八八年一〇月一三日

向山洋一

以下はK・A先生の研究授業学習指導案の一部である。

(1) 目　標

呑川の昔と今の変化に気付き、呑川が雪谷の昔に深くかかわっていたことを理解する。

(2) 展　開

分	ねらい	学習内容と学習活動	予想される子供の反応	留意点	資料
15分	①昔の呑川の様子をつかむ。	①　昭和二七年の雪谷小の写真を見て、そばを流れる呑川の様子について気付いたことを発表する。 ・今の呑川の様子と比べたちがいを見付ける。	・今より水がいっぱい。 ・浅い。 ・橋が古い。 ・柵がない。 ・深い。 ・水が少ない。	・呑川に目を向けさせて、気が付くことを自由に発表させる。	昭和二七年の雪谷小の写真のコピー

15分

②香川の深さが変わったわけを考える。

③昔の雪谷の様子を話し合

②なぜ今とむかしの香川の深さがちがうのだろう

・今と昔の香川の深さのちがう理由をノートに書いて発表する。

③　本当にそんなに洪水が起こったのだろうか。

・きれい

・浅いと水があふれるから深くした。

・深くしたのではなく水が減った。

・工事したから。

・起こった。

・家の人から聞いたことがある。

・なぜ深くしたのか、深くしたことによってどんなことが変わったのか考えさせる。

・昔の話の資料の中から、香

雪谷の昔の資料

15分	い、理解する。	・資料をもとに雪谷の昔と呑川の関係を考え、発表する。 ・洪水の写真を見る。	・雪谷たんぼ。	川に関する話を見付け出させる。	洪水の写真

7　評価

呑川が、昔の雪谷の生活に、大きく影響を与えていたことについて、ノートに書いたり、発表できたりしたか。

第2章

校内研究授業で——先輩教師への私信

1　用語の吟味が不十分な授業

私は多くの研究仲間にめぐまれてきた。大四小時代の石川校長、小出、解良、中村、林、高岡などの各先生。調布大塚時代の坂本、相磯、木村、竹内、小方、西川、新牧などの各先生。雪谷小学校の若い教師たち。

学校には、多くの先生がいるから、私の意見とちがう方もいる。私は、相手を刺激しないように静かにしているのがほとんどだが、時には先方から望まれて意見を求められることもある。

二年生の理科の授業「虫と遊ぶ」を見た時もそんなことがあった。

ここでは私の手紙のみ紹介する。

A先生への手紙

授業を拝見していて、積極的に意見を言う気力が生じませんでしたので、そのままにしておこうかな、と思ったのですが、本日の「お礼とお願い」を目にしまして、少し、気力が生じました。

ただ、お断りしておきますが、何かを言われるというのは、けっしていい気分のものではありませんよ。何回も何回も言われ続けて、「研究やけ」がするほど、骨太な体質ができるのです。

それまでは、「いやな気分」の連続です。ましてや、五回や一〇回程度ではです。それでは、お求めに応じて書いていきます。

1　指導案、指導計画について

(1)　単元目標は、学習指導要領通りで、どうということもありませんが、終末の文章「動物に親しむ楽しさを味わわせる」が異なっております。このような文面の内容が、「教科目標」として妥当性があるものかどうか、なぜこのような内容を、わざわざつけ加えるのか、一言あるべきと思います。

単元目標に、このような内容が含まれるのか否かで、「教科の編成原理」も異なってまいります。

(2)　小さなことですが、「虫によって『好む』食べ物がちがう」というのは、判断可能なことなのですか。「好む」と判断するのは、人間であって、虫が「好んでいるのか」「いやいや食べているのか」「習慣で食べているのか」分からないのではありませんか。

(3) 単元設定について

「単元」という語と「設定」という語の理解が著しく不足しております。単元とは、教授すべき内容の一つのまとまりですが、「単元設定」という語を使うなら、自由に教材を編成する観点に立って、その単元を多くの中から選択した理由、つまり設定したことについて論じなければなりません。

たとえば、国語科で、「民話を読む」という単元の設定の仕方はあります。または、「うらしま伝説」という単元の設定の仕方はあります。単元に関係する様々な角度から、多くの教材を集めて構成すればよいのです。これについては新潟の桑原氏の研究報告にもあります。

ところが、Aさんの「単元設定について」は、このような内容になっておりません。題と内容が対応していないのですが、それだけではなく、かんじんの「単元」「設定」が意識されていないのです。

このような内容なら「教材の特質」ぐらいの題になると思います。

(4) 「物を見る目」が「観る目」になるとは、具体的にどういうことですか?「観る」は、小型の辞書には出ていないほど、特別の用例です。特別な「みる」としての「観る」にどうして変化できるのか、不思議です。

(5) 単元の表は、よく考えられ、すぐれた構造をしていると思いました。ただ、まとまりがイマイチで、その分だけ不安定感があります。

(6) 円形表現の、単元の流れ図ですが、円形の中は、よく考えられ、自然に流れていると思いました。

しかし、たて、よこ、「活動」「認識」の内容が混乱しております。たとえば、どうして、「虫の音に気付く」が、活動に入り、認識にも入っているのですか。このような二つのカテゴリーに分ける場合は、一つの文面は一つのカテゴリーにしか入らないのです。また、「虫の居場所を見つけて知る」「どんな遊びができるか考える」が、どうして活動なのです。これは認識に入ると思います。

(7) 小さなことですが、単元の目標には「住んでいる場所」とあり、流れ図では「居場所」とあります。

(8) 学習指導案の中の、本時の学習(七〜八時間扱い)は、おかしいと思います。学年として、あるクラスが七、あるクラスが八というのは、あり得ます。しかし、これは2の1の予定時間数なのですから固定すべきです(もちろん、後からの変更はありえます)。

(9)「等」とありますので、「学年テーマについて」にふれます。

「次の様な反省が求められている」は悪文の代表です。多くの文章読本、文章作法の本にも載っておりますが、「受け身」の文は、まず悪文なのです。しかも、この場合、「誰が求めているのか」「誰に対して求めているのか」という主体が不明です。これでは研究の文にはなりません。

さらに、①、②、③の文は、疑問形ですから、「反省が求められている」というのではなく、「次のような疑問がある」とすべきでしょう。

(10)最後に、指導案「単元設定について」の

> 児童自らが興味をもち、進んで自然にはたらきかけ、調べる活動中心の理科をめざす時

という表現について述べます。

先生の授業では、「児童自ら」が「興味をもって」はいませんでした。「進んで自然に

はたらきかけて」いませんでした。

もともと、こういうのは、不可能です。教師は何をやり、子供は何をするのか、両者のかかわりは、どういうことなのか、このような分析をぬきに、子供の側からだけでは、授業は語れません。

2　二年生のテーマについて

「学習活動の表現の一つとしての『遊び』の中で学ばせていく」文意不明です。

たとえば具体的活動(遊び)と書かれています。この場合は、具体的活動(つまり学習活動)=遊びということです。これに対し「『遊び』の中で学ばせてゆく」というのは、遊ぶことと、学ぶ活動を分けて考えています。このように、基本的な概念が、大混乱しているテーマなのです。

3　授業について

一言で言えば、「形式的な授業」でした。
(1)　教師の音声が低い方がよいのは、その方が授業に緊張感が生じるからです。でも、聞こえない子、うしろにいる子、そっぽを見ている子がいる時は別です。緊張感が不足していたのは、体育館のためかもしれません。

(2) タンバリンを使う神経が理解できません。

あれを、たたくたびに、子供たちの中の「虫への集中」は中断されていたようでした。「小さな声で言う」ことと「タンバリンを使う」ことは、全く対極に位置する方法なのです。たとえ、時間がかかっても、先生の美しい声で、（せいぜい手をたたく音ぐらいで）集めてほしいと思いました。タンバリンの音を聞くたびに、私は気分が悪くなりました。

(3) カードは前もって作っておかない方が、よかったと思います。

子供がせっかく表現した生々しい、活力のある言葉を、教師が前もって考えておいた手あかのついた言葉に置きかえるのは、もったいない気がしました。

ここにも、授業の形式性を強く感じました。

4　その他

子供たちを見ていて発見しました。

虫とのふれあいは、大ざっぱに分けると、三段階あるのです。
① さわらない
② つまむ
③ にぎる

虫を平気でつかめる子は、手の平の中に、軽くにぎれるのです。ところがそうでない子は、背中を、親指と人さし指でそっとそっとつまもうとします。

足が動くとはなしてしまいます。そうでない時、こわごわつまみます。N君は、一回だけつまもうと挑戦して、足が動いたのではなしてしまいました。しかし、メジャーという道具を持っていましたので、他の子にやらせて、自分は計測専門でした。けっこう楽しそうでした。一回、バッタがN君のそばに逃げたのですが、すぐに他の子に「逃げちゃった」と知らせるのです。その子がチラッと見ただけだったので一分もすると、また「逃げそうだぞ」と知らせるのです。きっと、「自分はつかまえられない」と知られるのは恥ずかしいのです。そこで、何とか知らせようとしているのです。もう一つの女の子のグループには、逃げるのが専門の子がいました。

かわいいなと思って見ていました。

A先生

向山洋一

2　学習の流れの原型

その後、私は校内の研究通信用に「考えたこと」という文を二枚書いた。ところが当のA先生から「出さないでくれ」というクレームがつき、私はせっかく書いたのに没にした。

次の内容である。

二年A先生の研究授業で考えたこと

●一〇月二〇日の授業検討会で、授業者のA先生は次のような自評を言われた。

「虫と遊ぶ」（二年）

A　「足が何本あるか」ということは必要ないのではないか。

B　虫をつかめたりすればそれでよい。

C　「まとめ的なことはしたくない」「教師からの確認は必要ないのではないか」「友だちからの確認があったらいいと思う」

これだけの内容でも、本格的に論じようとすると大変なことになる。

●Aについて論じる。

①「足が何本あるか」ということを教える必要がないと考えられるなら、なぜ「本時のねらい」を次のようにしたのか？

本時のねらい……虫にいろいろはたらきかけたり遊んだりして、虫の動きやからだのつくりの特徴に気付く。

昆虫の「からだのつくり」の特徴の一つは、「足が六本ある」ことだから、この目標（ねらい）なら、「足が六本ある」ことを気付かせるべきである。

②ところで、別の観点に立てば、「足が何本あるか」は、学習しなくてもよい。なぜなら、これは、四年生理科の学習内容として、指導要領に明示されているからである。だから、形式的には、「当然、教えなくてよい」と言える。

二年生で学習するのは、「からだのつくり」ではなくて「からだの動き」なのである。

③ここで、根本的な問題に直面する。

どうして、二年生が「からだの動き」であって、四年生が「昆虫のつくり」を学習するのかということである。

Q1「からだの動き」と「昆虫のつくり」を同時に教えられないのか？　逆に言うと、

なぜ分離するのか？

（二年生担任の教師が、両者を混同しているほどにこの二つは近似している。）

Q2 「つくり」が先で「動き」が後だと、いかなる不都合が生じるのか？

Q3 「動き」が二年で、「つくり」を三年にしてはいけないのか。「つくり」を四年にする原因、要因は何か？

（たぶん、四年では「昆虫」ということで、他のこと〈一生の変化など〉を教えるからであろう）

●Bについて論じる。
① 「虫がつかめたりすればそれでよい」のはなぜか。他は必要ないのか。これは、「一つの教育内容」だが、この教育内容は学校で教えるべきことなのか？
② 逆の問いが出る。虫をつかめなくては、なぜいけないのか？
（寝たきりの子供は、虫をつかんだ経験は皆無だろう。虫ぎらいの女の人も多い。）
③ これは、現行指導要領の、どの目標に含まれているのか？
（「工夫して飼ったりさせながら」に含まれるのか？）

●Cについて論じる。
① 教師は、「本時のねらい」が達成されたかどうか確認すべきである。それを、どこ

ですのか?

なお、本時の評価は、「虫の動きの特徴とからだのつくりをとらえて楽しく遊べたか」「やさしく虫を扱ったか」とある。

(本時のねらいとの対応がきわめて不十分な、評価である)

② 「虫の動きの特徴」と「からだのつくり」に、どの子も気付く授業をすべきである。「まとめ的」なことをしないで、なぜそれが可能なのか。

③ 授業は、すべての子に対して「学習内容の習得」を保障することを目指している。それが、本校の教育目標であり、かつ研究主題である。

基礎的・基本的な知識技能を身につけさせる。

学習内容の習得にとって「まとめ的な方法」は有力な方法である。これをしないで、「すべての子供の習得」を保障するためには、個別的な方法を対応させるしかない。

④ 別の言い方をする。

教師の教授活動があれば、児童の学習活動が生じる。

学習活動を組織し、その結果を確認するのは、教師の大切な仕事なのである。

この原則をふまえた上で、「まとめ的な方法」を避けた別の方法を展開すべきである。

●二年生のこの授業を通して、私が一番勉強したのは、「気付かせる」という学習活動であった。当然ながら「気付かせる」は「理解させる」「知らせる」とは、別の概念である。

(1)

「気付く」ためには、「体験」「現象の存在」が先行していなければならない。

身のまわりに、いっぱい「それ」は存在するのに、子供たちはまだ気が付いてないのである。「知ってはいるが気付いてない」のである。「あれども見えず」「見れども見えず」の状態なのである。

(2) 十分な体験を前提として、ある「観点」を与えてやる。こうすることによって、初めてあるまとまりが得られるのである。たとえば、次のようにである。

T「虫は、どんな動きをしていた?」
C「木にのぼっていたよ」
C「ピョンとはねたよ」
C「体育館の上まで飛んだよ」

のぼる はねる とぶ

C「床を歩いていた」

C「草にとまってたわ」

あるく
とまる

(3) だから、低学年理科の学習の流れの原型は次のようになる。

① 全体に、ある活動の指示を与える。
（もちろん、動機付けなどは工夫する）
↓
② すべての子供たちに十分な活動をさせる。
（子供が一人残らず「それ」を体験するほどに）
↓
③ ある観点（それ）から、体験活動をまとめる。
（体験していない子がいたら、追体験させる）

(4) これが、一年の研究授業で示した内容である。また、小方学級の授業は、この原理にたって組み立てられた。実は、初期のでは「本時の展開」の部分で、こまごまとした指示や活動を与えたのであるが、これをすべてカットした。十分な体験をさせるためである。以上の如く、二年A学級の研究授業から、貴重な、原理的課題を学んだ。

実り多く、得るところ考えるところ大なる研究授業であった。本レポートをもって、その努力に謝したい。

3　正確な言葉遣い

三迺先生は、私よりずっと先輩の先生で、日本女子大を出て教職につかれた。目立たない方だったが言葉遣いの正確さでは校内随一であると思っていた。

「正確さ」は、授業の時も表れていた。

たとえば地図を指して子供が「横の方」などと言うと、「横ではないのですよ。東か西です」というように言われていた。

片々の技術もしっかりしたもので、「この問題が分かった人はみんな立ちなさい。友だちに同じことを言われた時はすわりなさい」などと指示されていた。

四年生の高知の二期作の授業を見た後、私は次の手紙を渡した。

本日は、授業を参観させていただきありがとうございました。

1、「横ではないですね。東西ですね」「分かった人はみんな立って、言った人と同じ時はすわる活動」に、先生の今までのご精進のほどを感じました。

私にも同様の経験があります。子供「茨城は東京の上です」私「東京の上は空があるだけだ」。こうしたことは、地図をあつかう時の基本的な心がまえだと思います。また、答えがある子を立たせるのも、「全員を学習活動へ参加させたい」という願いから生まれたことと存じます。

2、先生は目標の文を「〜理解させる」と結びましたが、私は「〜知らせる」という学習活動であったと思います。

そして「〜知らせる」学習活動としては、準備された、ていねいで、いい内容であったと思います。

3、「理解させる」と「知らせる」という語は、意味することがちがいます。

「理解させる」は、異なる意見があることを前提としています（共通理解という語も、そのためです）。

「知らせる」は、まだ情報を得てないということを前提としています。本時の場合、「理解させる」前提となる「異なる意見」がなかったように思います。

4、それはたぶん、先生が、「社会科の事実」を「理科の事実」と同じように考えているためではないかと思えるからです。

理科を絶対性の科学とすれば、社会科は可能性の科学なのです。

それは、社会科では、Ⓐ同質・同一条件をつくれないこと、Ⓑ実験ができないこと、Ⓒ事実は一回しか生じないことなどの理由によります。

ですから、社会科では、特に可能性を多角的に考えることが求められます。

5、「米ではなく、どうして野菜だったのか?」「野菜であって、どうして花ではないのか?」

本当は、野菜でなくてもよかったはずです。しかし、野菜の方が可能性があったのでしょう(土讃線の開通による二期作から野菜への転化、それは大阪を背景にもっていたなどという特殊性によります)。

そうしたことを考え、検討していくということが大切なのではないかと思えるのです。社会科では、知識を覚えることより(そうしたことはすぐかわるので)、多面的に考えていくことを重視しているのです。

6、もうすぐ、「反省会」が始まります。言葉を尽くせなくてすみません。四年生のみなさんの意見を、いつか聞かせてください。

一九八一年二月一〇日

向山洋一

三𨑕先生

4　いつも率先して研究授業をした先輩

桐谷シロハ先生は、退職まであと数年というベテランの先生である。

桐谷先生は、子供を怒鳴ったことがなかった。声を荒らげたこともなかった（と思う）。

研究授業をいつも自分からされていた。「私がまずやるから、教えてね」と言って、さっととりかかるのである。

むろん信望も厚かった。若い教師は、心から信頼を寄せていた。

桐谷先生が一年生の社会の授業をした。

「給食の調理士さん」の仕事についての授業である。大きな道具が持ち込まれ、調理士さんになったつもりでセリフを言い、プリントの吹き出しに書き込ませる授業だった。

参観の後、私は手紙を書いた。次の文である。

とっても楽しい授業でした。

先生が、今までにつちかわれた力と子供に対する温かさが授業の背骨となっていて、安心して、とけこんで見ていられました。

僕自身の授業に対する頑なさが気になり、反省しつつ見ていました。授業を公開するというのは、常にある種の精神的緊張を伴い、弱さをさらすようなもので、逃げ腰になるのですが、そうしたことを越えられていこうとする姿勢に心から敬意を表します。

全体的な、かつ基本的な印象は、以上で尽きているのですが、先生の態度に、ぼくもいささか応えるべく、いくつかの細かい意見を述べさせていただきます。疑問に思った点、なるほどと思った点について分けて書いてみたいと思います。

1　疑問に思った点

一、教科としての社会科は、道徳とは、はっきりちがった目標があると思います。社会科はやはり学問であり科学であると思うのです。従って、ねらいも、あることがら（給食）のしくみ、ようすを理解させることが基本となって、それに付随する形で「効果的な発表、表現」が付け加わり、この二つが、目標の基本となると思います。ところが、先生の本時のねらいでは、「苦労に気付く」ということがねらいになっております。「吹き出し」を使用してのまとめも、そこに力点がおかれています。こうした心情は、むしろ道徳のねらいではないのかなと思われるのです。

ただし、低学年において、このように合科された内容もありうる、社会科の内容の一つとして、こうしたこともありうるかもしれないと思ってもいます。

さらに、ああしたことが、一つの授業としてどうかと言えば、立派に授業であると思います。あくまで、教科としての社会科から見た視点で申し上げているのです。

二、同様の意味で「事実」と「考え」を分離していくことは大切なことと思います。「他人の考え」を「想像」するということが、社会科として、ありうるかどうか、分かりかねます。

「考え」を「知る」ということはあると思います。それも一つの事実ですから……。それに対して、「自分」の「考え」を発表することもあると思います。しかし、そのことと、今度のことは少し、ちがう気がするのです。

三、社会認識の基本には、空間、時間等の認識作用があるみたいです（うちのサークルで何年間か追究してみたものですが）。空間認識は、地理にとっての基本なのですが、これがなかなか難しいのです。つまり、今日の地図は平面図になっていましたが、かなりの訓練をしても、そうしたことを育てられるのは、三、四年ころではないのかと思います。

ただし、今日の授業では、子供も分かっていたらしくあまり抵抗はありませんでした。

2　なるほどと思った点

一、給食の実演をさせる時、最後にI君に、そっと、「女の子にあててね」と、御指導されたこと……。
僕は、自分なら、待てなかったと思います。自分から言ってしまったと思います。「きたえ」の年月のちがいを実感しました。確かな教育を感じました。

二、授業の最後。「調理士さんに言いたいこと」を、それを取り上げる形で直されたこと。言葉に対する厳密さをきちんとして、押さえられたことを、なるほどと思いました。
発表の時に、けっしてあせるでもなく、そして基本をきちんとされておられることに、安心感(信頼感)のようなものを覚えました。

三、一年生を、あれだけの時間を集中させるのは、すごいですね。机からのりを出していた子の顔つきが、とってもすてきでした。

四、実物を、教材を、準備するということが、どれだけ大切なことか、また思い知らされました。
五、子供たちが大切に育てられ、手をかけて育てられていると思いました。のびのびしていて、かしこい子供たちだと思いました。

現在、音楽の専科の授業です。急いで、とりとめもないままに書きました。失礼の点はお許しください。

六月三〇日

向山洋一

桐谷先生

第3章

すぐれた教師への私信

1　国語教育界の先達へ

人前で話したことはないが、実は心から尊敬する人がいる。私にとって青木幹勇氏は、そのお一人である。

法則化運動が誕生するもっと前に、私はでき上がった一冊を青木先生にお送りした。青木先生にとっては、めいわくなことであったろうが、すぐに、すばらしいご返事が届けられた。

「すごい人は手紙もすごい」と思ったものだった。

手紙と一緒に、ご高著の『生きている授業　死んだ授業』も届けられた。

その時の私の再信である。

　お便りありがとう存じました。

国語教育界の神様みたいな方から、過分な評価をいただき、うれしく思っておりますと共に恐縮いたしております。

二年ほど前、波多野里望氏に頼まれ、波多野ファミリスクールで、職員の方々に話をしたことがありました。終了後、紹介をされましたら、教育大附属小で主事をされていた樋口先生とか、学習院の附属小の主事をされていた先生とかという、大先輩ばかりでしたので、本当に穴があったら入りたくなったものでした。

今、同じ心境です。

実は、どうも気が重くなってきたことがあります。今年度「授業研究を研究する」(「現代教育科学」)「子どもの動かし方」(「特別活動研究」)の連載をしておりまして、次年度は、国語、社会科をする予定なのです。

国語は明治図書の「国語教育」誌に「向山学級の国語教室」というようなものを載せていく予定なのですが、これがどうも気が重くなってきました。

青木先生のような国語教育界の神様みたいな方もおられるんだと思うと、書きたいと思っていたものが、書かなくてもいいんじゃないかと思えてきて、その上、書く必要がないものではないか、いや絶対書いてはいけない、などと思えてきてしまうわけです。

まいりました。

ご高著『生きている授業　死んだ授業』をありがとうございました。

合宿、出張の中で寸暇を惜しんで、拝読いたしました。

一言で言えば、これは授業の名人、達人にして、書ける本だということでした。いかなる形にも、捉われない境地に達しておられるということでした。

内容に、ずいぶん、共感、同感できることがあり、心強く思いました。また教えられる所、多々ありました。
1、「できなければならない授業というのならまだ分かる」。なるほどと思いました。十分条件と必要条件のちがいを、もっと私も考えてみたいと思いました。
2、「この違和感」。全く同感です。指導案に書かれる「目標を表現している言葉」の吟味が、教師は安易であると思われます。
3、「授業で勝負する」。私も、これは教育にはなじまない言葉と思っております。科学は失敗の連続から発展してきたように、授業もまた、失敗の中からよくなっていくからです。

もし、勝負というなら、〇対一〇〇ということはないと思います。教師もプロであるなら、五五対四五ぐらいではないかと思います。大横綱でも、将棋の名人でも、勝率は七〇パーセント台なのですから……。

しかし、私は、わずか一パーセントのちがいをもたらす背景が、どれだけ大きいものであるか理解しております。

4、「授業者もプロ」。本当にそう思います。技術と人間的要素を欠くことはできない。……大賛成です。ただ、私は「授業技術も芸になり得る」と考えております。「芸は、技術が昇華された状態である」と思うからです。

5、「低迷する初発の感想」。私は、多くの「初発の感想」の実践を調べて、安易なものに寄りかかる姿勢とウソ（主張と実践が対応していない、根拠になっていない）の報告を感じました。

6、「授業の基本とは何か、教師自身の聞く力である……この基本が授業を支える力であると……しかし、この基本が身に付いていない授業がなんと多いことだろう」。「多いだろう」ぐらいではなく、私の見る所、ほとんど全員であると思えます。だから、私程度の人間の主張が注目されるのです。残念なことです。

7、「約束ごとのマンネリ化」。私は、「読みますか、いいですか」というようなことをしたことは一度もありません。いつも、なんで、他の先生は、ああいうことをさせるのかと思っておりました。

8、「国語科は、やはり、どの子もしっかりと文字が書ける、ばっちりと読める……そういう日常的な指導に手を尽くす……」。私も心から、そう思います。そして、そういう日常的な指導の方法が、多面的で多様で豊かで、知的であってほしいと思います。

9、「気持ち追求の一点ばりで追いつめていく、これでは……」。そう思います。子供は、教師に受け入れられると「気持ち」を言うようになると思っています。

10、「一瞬に白黒の星が決まるこの格闘技にも……」。私も、プロは、アマが見えないものを見ることができると思います。私もよく、相撲は例に出します。「土俵という限定条件があるから技術も向上するのだ」というようにです。

11、「こってりの授業を二割か三割、割愛して……」。私は、指導書の時間配分は、全く無視でした。素材をどう教材化するかで、授業時間は変化するからです。

12、「一般に教師は手紙を書かない」。本当にこの通りです。「あの人はすごいな」と思う人は、必ず返事があります。何かを出して、返事があれば、それだけですごいと思います。家人は、五十嵐顕先生の教室と宗像誠也先生の教室にいましたが、あのお忙しいえらい先生が、何かあると葉書をくださっていたものでした。私は、すごいなあと思っていました。

拙著は約一〇〇名の方に贈りました。青木先生のご返事が、ひときわ心に残り、私は「人間のあり方」を教えられました。

もちろん、多くのすばらしいお便りをいただきましたが、青木先生のご返事には「まいった」と思いました。初めての体験です。

先日、筑波大附属の手島勝朗先生が、私のところへ来られました。算数の著書の出版のことで、内容、プロットなどの相談に見えられたのです。

その折、手島先生に青木先生のことをお話ししましたら、「青木先生えらいなあ」と感嘆すること、しきりでした。

13、「歩調をそろえることがプラスにもマイナスにもなる」。私もそう思います。「運営や研究」と書かれていますが、私はこの二つを区別しています。

運営…討議する（議する）

研究…討論する（論ずる）〈研究の運営的側面は、討議する〉

「真理は多数決原理になじまない」と考えています。

14、「スピーチは長くても『三分以内』にまとめる」。大賛成です。結婚式のスピーチでは、教師が一番へたです。しかも、「しゃべりなれている」と思っているから、やり切れないのです。「話すことがへただ」などという、自覚がないように思えます。

15、「汚れた日付」。参りました。早速止めます(五、六年担任の時は、うしろに書かせましたが、他は、子供がするのをそのままにしておきました)。自覚がなかったのです。恥ずかしい限りです。

向山洋一

過日は突然本を送りつけ、今日はまた、長々と手紙を書いて、お時間をとらせ、申し訳なく思っております。

どうか、今後とも、よろしくご指導のほど、お願い申し上げます。

一九八三年八月二〇日

青木幹勇先生

追伸　私の第一作『斎藤喜博を追って』を同封します。

私の「教師修業十年」の記です。

お時間がおありになる時に、気がおすすみになりましたら二、三ページでもお目を通していただけたらと思います。

2　代表的実践家へのお願い

法則化運動の誕生の時、私は三人の実践家に法則化論文の応募をお願いした。この三人こそ、その当時の日本を代表する実践家だと思っていたのである。筑波大附属小の有田和正氏と千葉大附属小の野口芳宏氏と高知大附属小の伊藤経子氏である。うれしいことに、三人ともご協力いただけるとのことであった。この三人の方さえいれば、私は日本中を相手にしても論争できると思ったものだった。

野口芳宏氏へのお願いは、次の手紙であった。

初めて、お便りをいたします。

先生のことは、前々から存じあげていて、シャープな論稿を書かれる方だと思っておりました。実は、千葉県で（というより関東地区で）先生しか、存じておりませんでした。いつかお会いしたいものだとかねがね思っていたところ、私が千葉大附属小に行く日にお越しになる由、根本正雄君から聞きました。大変、楽しみにしております。

どうか、今後とも、よろしくお願いします。

今日、手紙を書いているのは、お願いがあるからなのです。明治図書で「教育技術の法則化」の論文を募集しています。書籍化の第一期として来年二月に一〇冊同時発行ですが、その中に、「新卒向け」の一冊を作りたいと考えています。

その、メインの論稿に先生のご応募をいただきたいのです。

小学館の「別冊　教育技術」一九八四年六月号に掲載された内容は、私もかねがね考えていたことです。一文一文の奥行きを感じます。

そこで、この一文(だけ)を、冒頭にかこみで入れていただき、それの具体的場面の描写を三枚～七枚位でしていただきたいのです。もちろん冒頭の文は、「進め方」のままでもけっこうですし、短くしていただいてもけっこうです。先生は、「進め方」で二〇以上書いていらっしゃいますので、全部やると二〇本以上になってしまいます。もちろん、そんなご無理は申しません。お時間の許す範囲で、二本でも三本でも、まとめていただけたらと思うのです。

「子供の三角形」「ノート作業は小刻みに」「教師の指示は単一に」など、どれもこれも大賛成です。
ぜひ、広めていきたいものだと思います。

法則化運動では、できるだけ小さい単位で、一本と考えていますので、「子供の三角形」を取り上げると、これだけでミニシリーズもの(No.1～No.5)ぐらいに、つまり五本ぐらいになると思います。そのようなまとめ方でけっこうなのです。

初めてのお便りで不躾なお願い、失礼、非礼をおわび申し上げます(もし、ご応募いただけるようでしたら、向山自宅あてにお送りくださると幸いです)。

また、「教育技術の法則化運動」にご賛同いただけるようでしたら、今後大きくご助力をお願いしたいと考えております。

向山洋一

一九八四年九月一八日

野口芳宏先生

3　漢字指導の原理を求めて

光村教育図書と共同開発した「あかねこ漢字スキル」は大きな反響を呼んだ。テレビで紹介されたり、『向山式家庭学習法』(主婦の友社)、『人を育てるプロの技術』(講談社)で親が読んだりすることもあって、教育界の外からも注文が続いている。

この漢字学習のシステムは、向山が考え出したものだが、むろん、「ある時ヒラメイタ」というようなものではない。

一つの「学習システム」が生まれるには、それなりの歴史もある。私が漢字学習システムの研究を本格的に始めたのはかなり前になる。その時、原田種成氏(国語辞典の著者です)に送った手紙と、そのご返事がある。

　先生のご高著、『漢字の常識』を読ませていただきました。あとがきの文に勇気付けられ筆を取りました。

　私は小学校の教師です。現在、二つの教育雑誌で授業論の連載を担当しており、またＮＨＫ・クイズ面白ゼミナールの教科書問題の作成委員をしています。

それとともに、ある通信教育の小学生部門の教材開発のプロジェクトチームのチーフをしております。この通信教育は日本一の規模でございます。

さて私としては、その中で、小学生卒業までに一〇〇〇文字以上の漢字を確実に覚えるというシステムを完成させたいものだと考えております。

教科書を離れて、制約のない条件下で作らなければできないと思っております。これができれば、日本の小学生教育にとって、いささか価値ある仕事になるのではないかとも考えております。

漢字教育について、調査を開始したのですが、システムとしてまとまった形の実践がほとんどありません。私が目にした中で、何とかなるのではないかと思えたのは三つだけでした。

一つは、先生のご友人の石井勲先生のお仕事です。

一つは、漢字を「漢字家族」という仲間にまとめた岡田進氏の記録と藤堂明保氏監修の小学生向け辞典です。

同傾向のものとして、『ことば』、「読売新聞」で報告されたイスラエル人ハルペン・ジャック氏の「漢字化合物」の研究があります（※この本の校正をしている今日、一九九〇年七月、ハルペン・ジャック氏が『新漢英字典』を完成したと、大きく報じられていました）。一つは、漢字遊び、漢字パズルです。

この方面に、多くの教師の努力が傾けられる必要があると思い始めております。

そこで先生にお便りしたのは、このような研究、研究物は他にないものでしょうか？

また研究されている方はいないでしょうか？　ということについてお聞きしたかったのです。

どうか、お知恵をお貸しくださるようお願い申し上げます。

向山洋一

一九八二年八月二日

原田種成先生

追伸「よい文章を暗唱させる」というのに全く同感です。私は六年卒業までに、およそ五〇程暗唱させます。百人一首も全部覚えさせます。

文を書かせるという点でも全く同感です。明示性の強い達意の文を書かせるためには、それなりのステップも必要かと思います。

教え子が、作文で「中学生文学大賞」をとりました。中学生の芥川賞とか言われるらしいのですが、それをとった子は五年生までオーストラリアにいた子供でした。

折り返し原田先生からごていねいな書状をいただいた。

お手紙拝見いたしました。
先生のようなお仕事をしていらっしゃる方に拙著をお読みいただいたこと大変嬉しく存じております。拙著の中にも書いておりますが小中学校の先生の多くは、漢字のはね る・とめる、出る・出ないというような細かいことを厳しくすることが漢字教育だと誤解している方が多く、拙著の白書に載せた大学生の声のように漢字嫌いにさせ、国語までもいやにならせていることは放置できないことと存じます。ぜひ、先生のお仕事を通じて先生方の頭の切り替えをしてほしいものと考えております。
文部省の考え方もまた国語教育の本質が分からず、指導要領で暗唱を認めておらず、先ごろ、安西愛子氏が参議院文教委員会で、唱歌の「われは海の子」を学校音楽の必修曲からはずしたことに対して抗議したところ、文部省側は「文語体の古い歌は今の子供たちに分からない」と答弁しました。本当に子供たちには分からないのであるか、調査した証拠があるのでしょうか。拙著（一六九頁）にソビエトの保育園での詩の暗唱を紹介しましたが。近ごろ読みました、小学生をつれてフランスに母子で留学した鹿住釈子の『ママのわがまま留学』（冬樹社）という本に、フランスの小学校では、本物しか子供に与えない、という印象を強く持った。やさしく書きかえた抜粋を決して与えない。「意味は分からなくてかまわない。説明もしない。丸暗記して、リズムや雰囲気がつかめればよい」のだそうであると書いてありました。

文部省では文明国の国語教育を調査しているのでしょうか。

日本のように子供に分かる歌や言葉だけしか与えなくては、向上・進歩をすることができず、美しい日本語が破壊されるばかりだと思います。石井氏の幼稚園では園児に土井晩翠の「星落秋風五丈原」を暗唱させ、子供たちは喜んでやっています。

さてお尋ねの件、漢字そのものの研究家では加藤常賢、赤塚忠、白川静、池田末利、藤堂明保など各氏がいますが、漢字の教育ということについては、小生が最初であり、小生のように研究調査している者は寡聞にして他に存じません。藤堂氏は一緒に高校漢文教科書を編集し、昵懇にしておりますので、小生の旧著を藤堂氏も利用しております。

ただ、昭和五〇年の六月ごろから読売新聞が「日本語の現場」という記事を社会面に連載し、小生の意見を聞いたり、小生の漢字教育法の講義を聞きに来たりしました。それが好評で連載が長く続き、同名の本が四冊でております。感心しましたのはさすがは新聞社で、当用漢字制定当時のいきさつを生き残りの人の言を載せたりして、広く取材をしております。この本もしご覧になっておられれば、何かご参考になると思います。

漢字についても日本語についても、文部省の子供たちを無知、愚昧視している考え方が最大の癌であるように思われてなりません。子供たちの可能性を信じ、日本語を愛する者として、先生のますますの御活躍を期待しております。

敬具

八月七日

原田種成

向山洋一様

梧下

4　広島大学附属小学校公開研究会に参加して

「授業参観から何をどう学ぶか」という特集は、一九八七年七月「授業研究」誌が臨時増刊として企画したものである。

広島大附属小学校の授業を法則化グループの青年教師が参観して「授業批評」をしたものであった。

「授業批評が具体的である」こと、「自分なりの代案を示している」こと、「文章が分かりやすい」ことなど、今までの授業批評とは根本的には違っていた。

法則化青年教師の実力を世に示した企画であった。後世の方々が、「授業批評」について研究をされる時、必ずやこの「授業研究 臨時増刊」をエポックとされるだろう。それの前とその後では、「授業」の「批評」の方法が変わってしまうのであるから……。

広島大附属小の先生方にとっては、迷惑なことであったかもしれない。大勢の法則化教師が押しかけたのであるから……。しかし、「公開発表」をしている以上は、そうしたことがあってもやむを得ないのだと思う。

いや、このように「公開発表」に真剣に対応しようとする努力がもっとあってもいい。

臨時増刊が発行されたころ、広島大附属小の研究主任であった西英喜先生に次のような便りを出した。

過日は、私どもの仲間が、大変お世話になりました。良い研究の機会が得られたと感謝しております。「授業研究」臨時増刊の諸論文、勇ましすぎて少々どうかと思うものもありましたが、しかし率直な意見であることは事実です。

私どもは、世俗的な一切の事情をぬきに、「研究」「実践」を貫きたいと考えています。ために、ストレートな所が多くあり、ご気分を害するかもしれません。できましたら、ご理解いただけたらと思います。

先生方と同じく、私どもも、日本の教育のある部分を担っていこうという気力はございます。実力が伴わないため、大した仕事はできていませんが、いずれ、価値ある仕事を創っていきたいと思っております。

実力をつけるために、多くの方々に教えていただかねばなりませんし、ご批判をいただくことも必要となります（ご批判をいただけないような仕事は、後世に残らないと思っています）。

今後とも、よろしくお願いします。

せっかくの機会ですから、私の感想を書かせていただきます。

広島大学附属小の先生方は、それぞれにお力があり、素質をおもちの方々なのにと思いました。具体的には、次のことです。

(1)　授業への態度が、甘いのではないでしょうか？（一問一答は、通過するべきです。時間は、よほどの事情がない限り厳守すべき……と思います）。時間が延びるのは「子供のため」というより「自分の見栄」であるように思えます。授業の厳格さ、品格、明晰さなどを、時間が物語ると思います。

(2)　説明文についての問題提起をぜひ、していただきたいと思いました。できることなら、宇佐美寛氏の批評に堪えるものであってほしいと思いました。氏の批評に堪えられれば、（おそらく）後世に残る主張であると思います。

(3)　できることなら、法則化の本をお読みいただき、ご批判いただけたらと思います。私どもの仲間は本を多く読みます。月刊誌を一〇冊とっているというのは、ザラにいます。もちろん、いろいろな方々の本も読ませていただいています。「読んでいただいてご意見がほしい」と思いました。

実践、研究について意見のちがいが出るのは当然で(医学など意見のちがいがなかったらこわい気がします)、主張のちがいは、喧嘩ではないと思います。立場が異なり、互いに刺激しあえる友人を、私は多くもちたいと思っています。これを機会に、末長く、よろしくお願い申し上げます。

向山洋一

西英喜先生

第4章

法則化運動と青年教師への私信

1　力のある青年教師からの便り

私はこれまでに、全国の多くの青年教師と出あってきた。

全国には、すばらしい青年教師がいっぱいいる。

そのような教師と出あうことは、私にはこの上ない喜びである。教師をやっていてよかったと思う。

その中の一人、静岡の杉山裕之氏とは、彼の手紙で交流が始まった。学級通信も同封されていた。

向山先生、初めておたより致します。

私、清水という港町で教師をしております。今年でまだ五年目という未熟なヒヨコの教師です。本日、突然おたよりをさしあげたのは、私もなんとか向山先生のような本物のプロを目指す教師になりたく修業中の身であり、ぜひ先生に報告したいことがあるからです。

私は先年度あたりから向山先生の出版物、論文を愛読し、先生の実践の真似（マネゴトはあくまでもマネゴトであり、いつの日か杉山流を作りたいのですが……）をさせていただいております。

跳び箱の件です。

一方的に私の向山先生との出あいを書かせていただきます。こらえてください。

三年前の正月、実家（お茶どころ、菊川です）へ帰って、大阪で教師をやっている兄と話していた時のことです。

兄「『ひと』にのっていた跳び箱の指導をやったら子供たちが全員あっけなく跳べたぞ、お前知ってる?」

私「うん、知ってるよ。向山という先生のでしょう」（自分はやったことがないのに八一年三月の『学級経営』安彦忠彦氏の論文で、初めて向山先生の名前を知り、他の教育雑誌で跳び箱指導のこともチラッと読んでいましたので知ったかぶりをしたのです）

兄「本当にびっくりするほど、簡単に跳べちゃうんだよな、子供たちがものすごく喜んだぞ」

私「ふうん」

そんな会話がありましたが私自身は、その「跳び箱指導」に興味をひかれることなく何もしないで半年以上が経ちました。

私が、本当に「教師修業」を意識し始めた、一昨年の四月、同じ学年になった長田《おさだ》先生（ちょうど向山先生と同じ四三年の生まれだと思います）と出あったころからでした。

「学級経営」「授業研究」の両誌に連載されていた「私の学級経営6年編」「授業の腕をみがく」を毎月楽しみにしていました。そして一〇月の初めごろ向山先生の『斎藤喜博を追って』を読んで、世の中にこんなすごい先生がいるんだなと初めて感じました。頭のうしろをバットでぶんなぐられたような気分でした。

そこで、その時受け持っていた五年生に初めて「向山式跳び箱指導」を実践しました。一〇月一三日のことです。ローレル指数一七〇以上の二人の女の子もかんたんに跳べました。一人は、さか上がりのできない子でした。しかしはんとう棒はのぼれました。すぐ次の日、となりのクラスで体育の出張授業をしているので、同じように指導しました。こちらもアッという間でした。一人両足ふみきりができなかった子がいましたが、ケンパー、ケングーをやらせて、いっしょに手をつないで走ったら、できました（これで五の一、五の二の六七名全員ができたのです）。

去年は、持ち上がりの六年生でしたので、向山式指導は実践しませんでした。それよりも「現代教育科学」誌、「特別活動研究」誌の連載を、夢中になってむさぼる様に読みました。

また、教師修業シリーズ③、④からも勉強させていただきました。

今年の二月、同じ学校の、年は私よりも一つ上ですが、経験は一年少ない若い体育主任の澤野先生と二人で初等教育研究会に参加しました。紺のトレンチコートを着た向山先生の姿をおみかけし、話しかけたい衝動にかられたのですが、発表の前でしたので止めました。向山先生の落ち着いた話し方、しかしその中に流れる骨太な論旨に聞きほれました。時間の都合でその後の話し合いを聞けなかったのが残念でした。帰りの新幹線の中で、澤野先生と二人で話をしました。多分、向山先生は林竹二先生(宮城教育大学)の実践を認めつつも、やっぱり全国の鈍感な教師に問いたいのではないか、と。清水に戻って次の日、さっそく澤野先生は受け持っている五年生を全員跳ばせることができました。

——(中略)——

追伸①今日、向山洋一先生の「国語教育」五月号を読ませていただきました。ただただビックリするばかりです。去年、「てふてふ……」をやった時、先生の哲学の深さを子どもの反応から知りました。

②「授業研究」誌、「しつけにおける向山の五原則」も読ませていただきました。早くこんな教室になりたいなあと思います。いつの日か私の実践と私の教え子を誇れる

日がくるように努力します。

③『向山洋一の学級経営』四月上旬に発売されるとのことで、二月下旬に本屋に申し込みました。つい先日本屋から電話が入りもうすぐ入荷とのこと、読むのが楽しみです（ただし、静岡という所は、文化の谷間で東京からの出版物が入るまで二週間程かかるので待ち遠しいのです）。

④卒業式の呼びかけ指導たいへん参考になりました。一人一人を見つめるきびしさを感じました。今年卒業させた子たちの呼びかけ指導は三時間（学年で）で終わりました。卒業式当日は、保護者がものすごく感激してくれました。保護者代表謝辞では、代表のお母さんが、涙でなかなか謝辞が話せなく、こちらもついもらい泣きしそうになりました。

これも向山先生のおかげです。

⑤お体を大切にしてくださいませ。

一九八四年四月一三日

杉山裕之

向山洋一先生へ

私は次の返事を書いた。

気にいりました

1、手紙が大作であるという点

2、達意の文章であるという点

3、『斎藤喜博を追って』の斎の字を正しく書いている点

4、向山先生のような「本物のプロを目指す教師になりたい」に「目指す」が入っている点

5、子供の見方が具体的である点

杉山氏が中略された子供のまちがいの部分について、私は次のように書いた。

しかし、Y君の算数のまちがい方はすごいですね。

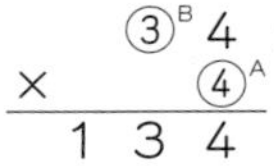

答えの4は、一の位のAをおろしたものです。3は十の位のBをおろしたものです。しかし、これだけではいけないのだ「三ケタにしなけりゃあ」という脅迫観念があったのです。だから百の位の1をいれたのです。

つまり、この子は、「一の位、十の位、百の位」の意識はあったのです。どうやるかは分からない、だけど、「一の位」と「十の位」はちがうという意識はあったのです。

そしてまた、「二ケタの答えではない。三ケタなのだ」という意識もあったのです。だから百の位に1をつけたのです。

こうやっても、採点でバツにされることをY君は知っていたのでしょう。しかし、何度バツを付けても書き続けたと思います。それは、「白紙」とはちがう、「こうなんじゃないか」という思いがあったからです。

だって、「一の位も、十の位も、百の位」も意識しているのです。

バツを付けられても付けられても、三ケタの答えを書き続けるS君。

それは、「先生、ぼくはここまでできる。だけど、ここから先が分からない。ぼくも分かるようになりたい」という叫びなのです。

いじらしいではありませんか。

　32
×　4
134

　44
×　3
143

　72
×　8
178

　56
×　5
155

　55
×　8
158

> 私は、この答えを見ながら、涙がにじんできました。
> 杉山君の達意の文章に比べて、何百倍も何千倍も鋭敏に子供の苦悩を表現しております。私たち教師に向けられた刃なのです。

(そして)、杉山君に担任されて、本当によかったと思っています。
ここまで書いて、仕事のため二日間中断しました。
時間がないので後は、ランダムに書きます。
1、すばらしい、若手の、可能性の大きい、実践家と知りあえて喜んでいます(友人とあなたのことを話した時、向山でも、そんなほめ言葉を使えるのかと言っていました)。
2、どんな小さな実践でもいいですから、まとめて送ってください。発表の場所は、私が用意します。

3、「卒業式のよびかけ指導」も、忘れないうちに「よびかけ指導の定石化」という点からまとめてみてください。

4、「てふてふ……」をやった時、子供の反応から感じた向山の哲学の深さとは何なのかを書いてみてください。

5、校内の研究、あせらず、じっくり、独りよがりにならずにがんばってください。数年前に、私が出したものの一部をさしあげます。

(何をするのか、誰がするのか、いつするのか、というような具体的なことは必ず、何カ月も前に問題提起して決めていくことが大切です)

6、五月下旬の新潟大附属小の研究会に来ませんか。京浜サークル、附属小の人々と酒を飲む会がありますので、ぜひ。新潟大附属新潟小学校の大森修先生あてに連絡をしてください。

7、夏に(八月下旬)豊橋で合宿をします。三〇名定員で、東京一〇、愛知一〇、新潟五、その他五、なのですが(もう、定員いっぱいなのですが)、よかったらぜひ出かけてください。

8、奥さんオメデタ三カ月とか、大事に大事に。与えられた条件の中で、それなりにやればいいのです。それで立派な教育なのです。

9、いずれ、私の仕事をついでくれる可能性をもった教師と知りあった感じです。そういう教師を、全国から、発掘しなければいけないと思っていたところです。

やっとポツリポツリと点になってきました。

それではまた。とりいそぎ、乱筆乱文にて。

向山洋一

杉山裕之先生

追伸　「経営シリーズ」を読み終えられましたら、感想を知らせてください。

向山先生

さっそくのお返事ありがとうございました。仕事に対して厳しい向山先生のことですから、きっと返事がいただけるものと半ば期待しつつ、「いや忙しい先生のことだから無理かもしれない、それもこんなヒヨコ相手だから」と卑下したりもしました。土曜日、ぶ厚い封筒を手にした時、思わず胸おどるものを感じました。うちの嫁さん曰く、「あんな有名な向山先生から手紙をもらえるなんて、チャン（私のことです）サインして」だそうです。嫁さんの場合、先生のことを松田聖子と同じレベルで考えているのです（つまりアイドル視しているのです)。

さて、とりいそぎ、いただいたお手紙について書かせていただきます。
1、Y君のこと、手紙をいただいて、すぐにこんなメモをしました。
•Y君の事例をこんなに評価してくれるというのはやはり並大抵の感性ではない。

•教育という営みは、もともと(本来)お互いの信頼によって成立するものだと思う。忙しい向山氏が私などのヒヨコにていねいな手紙をくれるという所に、向山氏の本当のやさしさ、厳しさ、強さがあるような気がする。

•そういう意味で保護者との通信、交流も必要なのであり、誠実に対応していかなくてはならないと改めて痛感し、また自分のやっていることに確信がもてたとも言える。

•私の書いた向山先生の哲学の深さなどという文章をやはり、問題にされた。言葉の伝える意味、言語を限定して考える姿勢を大切にしている。いい加減に書くとこっぴどい目にあう。緊張する。
2、しかし、私は向山先生ほどY君のことを深く考えていませんでした。口先では、よく「どの子も輝きたいのです」などと言いつつ、ここまでは分析しませんでした。ただ、Y君のやった計算については、先生が書いてくださった通り、すぐ分かりましたし、それを正面にすえて、子供たちに、Y君のまちがい方を検討させせましたが……。先生にあのように書いていていただいて、確かに思いあたることもありました。Y君は、あの答えを書いた後、私にバツを付けられると、何度も休み時間にも答えを書いて持ってきました（次の授業で、まちがいが検討され、彼は分かったのです）。私にはまだ子供の行為を行為としてしか見ていない弱さがあります。行為の奥底に流れる彼なりの気持ち、痛みをやっぱり分かりたいと思います。技術以前の問題だと思います。最近読んだ『こんな先生がほしい』（共同通信社）の灰谷健次郎氏と黒柳徹子氏の対談で、灰谷氏がそんなことを話していました。しかし、人間、このように事実で見せつけられないと、指摘されないと、分かり得ないようです。村上陽一郎氏の言葉「眼はそれが探し求めているもの以外は見ることができない。探し求めているものは、もともと心の中にあったものでしかない」の通りだと思います。

3、達意の文章である――私にはとてもそうは思えません。全く私は自分の文に自信がありません。小さいころからありきたりの国語教育を受けてきたからなのか、努力が足りなかったのか、文法もメチャクチャな気がします。こんな人間が国語教育をしているのですから、子供には申し訳ないです。今年は自分なりに国語の勉強、修業を積みたいと思います。
4、斎の字を正しく書いている点――最初の年、卒業生を送り出す時に齋藤という子がいて、初めて斎の字に齋もある事を知りました。その時にサイに斉、斎、齊、齋があることを知りました。斉と斎が違うことは意識しておりました。
5、最大限のおほめの言葉をいただきました。今はとにかくうれしさを隠しきれません。しかし、澤野先生曰く、「これから」、だと思います。
6、実践をまとめたら先生に見ていただきたいと思います。その時は、御指導の程お願いします。「卒業式のよびかけ指導」もできるだけ早くまとめたいと思います。
7、「てふてふ……」。子供の反応から感じた先生の哲学の深さなどというい加減な言葉申し訳なく思います。言葉をあいまいに使っている私です。記録をしっかりとらず、資料をほとんど子供に返してしまって、あまり残っていないのですが……。
簡単に言うと（失礼）分析批評により子供の反応が読める、はっきりしてくる、論争ができるというような所です。一様に子供たちは、一行の詩でこんなに深く考えることができるのかと驚いていました。なお、六年生でかなり百人一首には習熟していたと思いこんでいたのですが、「てふてふ」を「ちょうちょう」と読めた子は授業では一人だけでした。一人でもいたという事は尊いことですが……。

発問の定石化という事に疑いをいだいていた私にとっては子供の反応が驚くべきことだったのです。だから軽々しく先生の「哲学の深さ」などと使ってしまいました。

8、校内の研究の御指摘ありがとうございました。独りよがりにならないようやってみるつもりです。今、私たちが目指しているのは、単なる指導技術でなく、それ以前の問題かもしれませんが、子供の事実を具体的に受けとめ対応していこうということです。私自身のテーマは今年度の当初次の様に書きました。同封します。

「研究通信」ありがとうございました。土曜日三時間程、じっくり読ませていただきました。「新薬A型」「病理学B型」特に感銘しました。

9、五月二四、二五日、新潟大附属小研究会にはぜひ参加したいと思います。ただ、四月に入って学校をあける事が多く、不安がつのります。

10、八月下旬の合宿参加させていただけますか？　こんな修業の機会があるのなら、ぜひとも参加したいのです。私は厳しくたたかれないと、本物にならないのではないかと思います。仲間に入れてもらえないでしょうか。

11、嫁さんへの一言ありがとうございました。すごく喜んでいました。私もケンカした日に先生からいただいた言葉と同じような事を言いました。与えられた条件の中で、それなりにやることは、決して簡単だとは思いません。それができれば私は立派だと思います。

12、国語音痴の私にひとつ指導してください。子供の書いた日記です。私は今までこんなすばらしい(私はそう思うのですが)日記を目にしたことはありません。「どこが？」と言われてもこまるのですが、ものすごく温かさと子供らしさを感じるのです。先生はどのように思いますか。四月の最初ですから全く私の指導などありません。

13、「経営シリーズ」実はまだ手もとにありません。静岡は文化の谷間で泣けてきます。読んだら、すぐ感想を送ります。

ここまで書いた次の次の日、ついに待望の「経営シリーズ」が届きました。感想は改めて書かせていただきます。木曜日に初めて作文の授業をしました。それまでいろいろ悩んでどうぶつけようか考えていたのですが、先生の作文指導をそのまま真似させていただきました。真似はいつかしっぺ返しをくらうとも思っていますが、結局、衝動的に真似させていただきました。ある子曰く、「こういう作文の授業なら楽しい、作文っていうと今までいつも遠足のこととかリレー大会の事書いてきたんだもん」だそうです。一時間楽しくやれました。

とりいそぎ、まずは御礼まで。

一九八四年四月二八日

杉山裕之

2 「運動会のあり方」への返事

私の本を読んだ方から手紙をいただく。法則化運動を誕生させて二年目までは、ご返事を差し上げていたが、今は返事を書いていない。いや、書けないのだ。時間がないのである。中には、質問をして来られる方もいる。この質問に答えるには、普通一時間くらいの時間をとってしまう。それが、少なければいいけど、けっこうある。それでもがんばって返事を書いてきたのだが、無理は続かないもので、今は、止めてしまっている。よほどの事情がない限り、返事をかんべんしてもらっている。

さて、私が返事をまだ書いていたころの便りがある。運動会のあり方について尋ねられたものだった。

初めてお便りを差し上げます。私は教員生活二年目を迎える三一歳の小学校教師です。まだまだ不勉強な事が多く、考えなければいけない事がたくさんあります。そんな中で先生の跳び箱を跳ばせる文に当たり、感動しております。今日はその事ではなく、運動会のあり方について御意見を伺いたいと思います。

私の学校は、千二百人ぐらいの大規模校です。したがって、四色に分かれて得点で競い合っています。一位と二位と三位まで得点されます。子供たちはその得点を見て結構喜んでいる様子です。しかし私は四色対抗について疑問をもっています。上位の者だけ得点になり負けた者は加点されません。一生懸命走っても、自己最高を出しても負けたら評価されません。何よりも、どうして点数をつけて競い合わなければいけないのだろうかと思うのです。確かに、それぞれ競争意識を燃やしてそれなりの盛り上がりは感じるのですが、何か引っかかるのです。そして、四色対抗のリレーがあります。これの選考は一番速い子が選ばれていきます。六年間の運動会はいつもこの子たちのリレーになってしまうでしょう。私はこの選考にも疑問を感じています。つまり、リレーですから、速さを競いますが、その速さを競うのに、速い子でなければいけないというきまりはどこにあるのだろうと思うのです。クラスの構成員なら、誰がリレーの選手になってもいいのではないかと思うのです。選考基準を速い子と規定すると、速い子が優遇されることになるのではないかと思うのです。もし、基準を他のところにおいたら全然違うメンバーになると思うのです。例えば、ジャンプ力が何センチメートルとか、身長が何センチメートル以上とすると、全然違ってくるでしょう。しかしこれでも、やはりおかしい。

つまり、ある能力（速さ）だとか、様態を取り出して基準にしてしまうと、それらを優遇することになるんではないかと思っています。クラスの子であれば、遅い子が走っても、中ぐらいの子が走っても、誰でもいいと思うのです。選ばれたものが、クラスの代表として、一生懸命頑張れば、立派にリレーは成り立つと思うのです。その方がどの子にもチャンスが出てきて、おもしろいリレーができると思うのです。選考基準をある能力や、様態におかないで、誰にでも平等にチャンスを与えるということであれば、一番いいだろうと思うのです。そのためには、ジャンケンかくじ引きが一番だと思うのです。先生もリレーの選手はジャンケンでと言っているそうですがいかがでしょうか。我々がふだん授業でリレーをする時は、速さではなく、決まりを守って、上手にできているかどうかを見ています。バトンの受け渡しを上手にやって自分のベストを尽くせばいいはずです。それが運動会になると、速い子ばかり選ばれてしまうのは、どうも納得できないのです。

これらの事も含めて、運動会のあり方を考えさせられています。運動会をどう位置付けて、そのねらいを達成するために、具体的にどういうふうにしていったらいいか、理論的に分からないのです。四色対抗による得点争いもそれなりにおもしろいのですが、どうもしっくりこないのです。理屈として、どう展開したらいいのか、はっきりしません。先生はどのようにお考えですか。
運動会のあり方など、御意見をお聞かせください。
よろしく御指導ください。

以下は私の返信である。

拝復
1、「運動会のあり方など、」ということは、手紙では論ずることのできないものです。こういう限定性のない問いは、授業中の発問の「あいまいさ」を想起させます。
2、「御意見をお聞かせ下さい」ということは、お断りします。かわりにいくつかの感想を述べます。
3、「子供たちが楽しみ」「それなりの盛り上がり」が感じられるのなら、それでよいではありませんか(それと、自分の意見を対置させるのは、あなたの思い上がりです)。

4、

「理論で教育を語るべきではなく事実で教育を語るべきだ」というのが、私の信念です。

5、「リレーの選手」を選ぶことに反するような、「教育の事実」は、あなたのクラスでは、どのようになっているのですか？「選手リレー」より「他のことがよい」という、意見や感覚や事実が、あなたのクラスの教育の中で、どのように具現化しているのですか？

6、「選手リレー」は、「学校全体の教育課程編成の修正」「自分の学級におけるすべての教育活動との対置」というような、大きな枠組で、捉えるべきことであると思います。

7、私は競走をある部分では認めます。「遊び」と「スポーツ」においてはです。あなたは、どうですか？

そのことと、「運動会」のことと、「選手リレー」のことなどが、ごっちゃにして書かれております。

8、理屈として、どう展開したらいいかなどということは、人様に聞くことではありません。たとえ、どれほどつたなくても自分で考えるべきことです。

また、理屈の前提には、自分自身の教育活動の事実があるべきです。自分自身の学級の一人一人に目を向け、それを伸ばし、そうしたことの中から「選手リレーはやめるべきである」という信念が生まれてきたときこそ本物と思います。それが、たとえ、どれほどつたない実践でもです（私自身は、そのようにして仕事をしてきました）。

9、自分の教育活動を通さない発言、意見は結局、単なるスローガンにしかすぎません。私は、いかなる角度のスローガンであっても、それがスローガンにとどまる限り、連帯はしかねます。

10、滋賀県から、私の授業を参観に来た京都女子大の学生が、私に手紙をくれました（昨日、あなたのと一緒に届きました）。一〇枚目の終わりにこうありました。

「すばらしい、すばらしいとただ文章に酔って感激するのではなく、そういう本なり、人なりから自分がいかに学びとれるかということが大切なことであって、人の実践はどんなにすばらしい実践であっても、自分が手を汚さない限り、人のものだということにあらためて気付きました。……」

一九八〇年一二月一一日

I・S先生

向山洋一

第5章

身近にいた教師への私信

1　弟へ……何が問題提起なのか

私の弟は行雄といい教師をしている。大学を出て研究者の道を予定していたらしいが、当時、私の勤める大森第四小学校に事故があって臨時教員として来てもらった。

兄弟で同じ学校の同じ学年の担任になったのである。私と、弟と、そして京浜教育サークルの藤平洋子さんが同学年である。

活気に満ちた学年だったと言っていいだろう。大四小時代の仕事には、このような幸運が裏にある。

子供たちは、私のことを「向山先生」といい弟のことを「ジュニア先生」と呼んでいた。

臨時教員の弟は翌年、採用試験を受けて教師になった。

兄弟といっても会うのは冠婚葬祭ぐらい。彼には彼の考えも、生き方もある。強引な兄を見て育っているので「兄みたいにはなるまい」としているらしい。その分、人の評判はいい。両方知っている人は、「お兄さんはともかく、弟さんは立派だ」というような評価を下す。

私が弟に出した手紙も数回ある。

以下は調布大塚小学校で、私が社会科の研究授業をした時の感想である。

その時私は、子供に工業地帯についての「仮説の作り方」の課題を与え、仮説を作らせ、それを検証させるという授業をした。

子供たちは三九五個の仮説を作り出した。

たとえば、「アメリカに近い海に面した所は、工業地帯になりやすい」というような仮説である。

これは、教師が、ある示唆を与える授業とちがって、大変にラジカルでありダイナミックである。

その授業のあと、弟に対して私は次のような手紙を出した。

1、私はあの研究授業の中で、今までの多くの公開された社会科の授業に対して、根本的な角度から、異なる考えをもって、問題を提起したつもりでした。平たく言えば、今までのほとんどの社会科の授業を批判したつもりでした。
それは、大まかに言って次の二点です。
① 今までの授業における「子供に考えさせる」場面は、それは教師が用意した枠組

でしかされていない。

「子供に考えさせる」などは、本来の意味や主張とくらべるとほとんどの場合、インチキです。教師がおぜんだてをして、「やらせ」をさせているのです。「討論」のほとんどもそうであると考えます。

なぜか?

内部情報と外部情報がいかなる関係にあるかという根本的な関係を明らかにしていないからだと思われるからです。

この点について、言及している研究者は、今のところ、千葉大の宇佐美寛氏だけです。

② ①でない場合、つまり、「やらせ」で「子供に考えさせている」授業は、それを、「まとめ」「検証する」という形での力を付けていない。なぜか。情報をまとめあげる方法を授業者が、もっていないからです。その中の一つの方法がたとえばKJ法です(現在使われているカード学習はKJ法の根本をぬかしてしまっている)。

つまり、二つの根本的な視点をすえての問題提起のつもりでした。

従って、「討論」「発表」という形など、私にはどうでもよかったのです(私の今までの公開授業は、すべて「討論」であり、今回だけ発表でした)。

2、三九五個の仮説を、わずか数時間で検証するという授業は「発表」を中心にせざるをえないことだと思います。

「昔、工業地帯であれば、今も工業地帯である」「アメリカに近い海に面した所は工業地帯になりやすい」などという仮説が、今までの「工業地帯の分布」の学習であったろうか、と思います。私は、自信をもって、今まで日本で行われた、すべての社会科の「工業地帯の分布」の学習の中でそういうことは見られなかった、と断言します。

子供たちの作文を送ります（「サークル仲間の石黒たちから都合のいいのだけ見せるな」と言われたので、全員分にする予定です）。作文を読んでもらえると少しちがうと思います。

3、これらのことについては、今後、私の著作の中か、または、「社会科教育」の誌上で、明らかにしていく予定です。

同封された、覚書きNo.2～No.5を、ふくらませていく形になると思います。

新見先生、関根先生にはお世話になりましたが（ちゃんとていねいな礼状は出しました）、それとは別の角度からの意見もあるのです。そして、それは、多分、私個人のものだけではない質をもっている、あるいは内包していると思っております（「社会科教育」の樋口さんとは、ここのところまでは一致いたしました）。

ですから、もう一度、そういう目で、見てください。特に子供の作文をです。

4、石黒からは、こっぴどい批判をされました。威勢はいいのですが、新しさを見抜く目がやや不足しています（討論の視点からです。彼は目の健康状態が悪く、このところサークルに来ていません）。一番、ねらいをとらえてくれたのは、藤平さんだったと思います。彼女の意見を同封します。

5、ある種の「やさしさ」を拒否するということも必要ではありませんか？　それが教師の仕事の一面ではないでしょうか？

6、いつか、「社会科」の実践論文を二人で書いてみたいですね。

7、忘れないうちに事務的用件を伝えておきます。

Ⓐ原田先生も、行雄のクラスの新聞のすごさを言っていました。私も拝見したく思います。よさそうなのを送ってください。

Ⓑ正月三日、ＮＨＫで「面白ゼミナール」というクイズ特集番組があります。その中に教科書問題というコーナーがあります。その出題委員の仕事をすることになりま

した。時間のある時に見て下さい。何か、レギュラー番組になるそうです。

Ⓒ昨日「教育技術」の「二年生」が取材に来ました。「ここに教育あり」のルポです（いやな題ですので、こんな題なら私は否定していることを必ず入れておいてくださいと言っておきました）。一二月一五日発売のに載るそうです。これまた折があったら見てください。

Ⓓ一二月二日、五校時に、横国大のゼミの学生を中心にした、公開授業をします。国語です。この中では、「討論」の授業を行います。よろしければどうぞ。

Ⓔ明治図書の三冊セットの話、一年ぐらいでまとめる予定です。江部さんと樋口さんと先日、土浦で終電まで飲みました（これからたびたび会うことになりそうです）。

一九八〇年一一月二八日

兄

行雄殿

2　弟の兄貴批判に応えて

私が明治図書出版から本を出し始めたころ、弟から二度にわたって感想・批判の手紙をもらった。

兄弟だから、そこは辛口である。

とりわけ、私の「批判の文」は、まわりの人を傷つけているというものであった。

私は次の返事を書いた。


二回にわたる感想・ご批判をありがとうございます。

自分が、教育の仕事の中で、どのような分野を受け持っていくのか、まだ分からない部分もありますから、あちこちに粗い仕事が出てくるのだと思います。

ただ、もしかしたら、その粗いところが、大切なのかもしれないと、一〇パーセントくらいは思っているのです。


本を書くというのは、何かの主張です。主張は、今までのある部分を否定します。

これが、本を書くことの宿命であって、今までの何かを否定しないようなことなら、書かずに黙っていればいいのです。

ただ、その否定が、まわりの人々を理由もなく、または十分な配慮もなく傷つけているのだとしたら、方法を変えなければなりません。

行雄の手紙を読みながら、その配慮の足りなさを感じたところもあります。批判のあまり、言葉の制御がきいてないわけです。

もちろん、私なりに、やっているつもりはあるのですが(たとえば、あなたは、かつて大西忠治氏のことを言いましたが、私は第一回の手紙の中で、「次の拙著に含めたいと思います」と、ちゃんと予告しているのです)、不十分さがあるようです。

というより、まわりの個人にかかわる批判は、できる限りひかえるべきだとも思っています。

品川区から来たA先生の話、とても面白い事例だと思いました。

あなたの意見は、印象批評なので、よく分からないところがありましたが、「どこがよくて、どこがよくないのか、それはなぜか」など、考えることが多くありそうです。

また、チーム・ワークにしても同じです。チーム・ワークとは何か、どうしたら作れるのか、など、「組織」を考えていく上での原点ですから、私も心しています。

「うちの仲間は、何でも話し合える。だからチーム・ワークがいい」というようなことは、企業では言わないそうです。

どのような、「学校の教育の組み立て方」を通して、いかなる方法で「まとまり」を作っていくのか、考えていくところです。

ところで、六年間子供たちをお預りして、うちの学校では卒業までに、基礎・基本中の基礎・基本である、「よみ、書き、計算」のどこまでを教育しますという学校がないのはなぜなのかと思います。

たとえば、入新井第一小学校の昨年度の卒業生の、漢字一〇〇〇文字の習得率は？四則計算の習得率は？ということなどが、意識されていないのです。

「こういうことを考えるべきだ」「それはやる必要がない」のどちらでもいいのですが、実態は意識もされていないのです。

「学校の教育を組み立てる」ということは、いかなることであって、このようなことが、どう具現化されるのか、考えています。

「私どもの学校では、ここまでは保障します」といえる学校の教育が組み立てられたらと思っているところです。

職員会議・企画委員会の議事録一〇年分に目を通し、大切な文書を「教育計画」に全部入れました。一〇年間の多くの教師の知恵は大したもので、これだけで、多分日常のあれこれは円滑にすすんでいくと思えます。

が、「教室の場そのものが活性化すること」「うちの学校では、ここまで保障します」の二つだけは、それだけではうまくいきません。いや、手も付けられません。

多くの先生方の善意が集められ、教師・子供・親にとって「やりがい」のある教育の場をつくっていくことが、「教務」の仕事と思っています。

多分、「つくる」のは教務の仕事です。校長は判断し、決断するのが仕事なのでしょう。というような仕事をもとに、私はいつか、また、「学校で預る」ということの意味について、発言するにちがいありません。

それによって、傷つく人がいるかもしれませんが、このような大きな問題は、誰かが発言していかなければいけないのだとも思っています。

ただ、私は、批判をする側が、一〇〇点満点でよいなどと思ったことはありません。

> 批判も反批判も多くは五五点対四五点ぐらいのところでやりあっているのでしょう。双方とも価値があるわけです。そう思っています。

が、何かの主張をする時は、そうしたことをグチャグチャ言わず、自分の意見をキッパリ言うべきだ。それが文を書く人間のたしなみだと思っているのです。

東京都立教育研究所（当時。現・東京都教職員研修センター）でのお仕事、いろいろ勉強になるようでうれしく思っています。以前、ある人が、都研時代が最低だったという感想を言われていましたが、これは人様々で、あなたみたいに得る所が多い人もいるわけです。一年間、わざわざ行くのですから、得る所が多いのにこしたことはなく、また多くの人に会えるということも都研ならではのことでしょうから、できるだけ価値のある一年間であってほしいと思います。

とりあえず、御礼まで。

一九八四年四月三〇日

兄

弟殿

3　隣の学校の研究授業を参観して

隣の学校の研究主任が、研究授業をされた。小学館から『一年生の社会』という共著も出されているし、力のある人なのだろうと思っていた。

ただ、『一年生の社会』を出版しながら、その先生は、一年生の担任をしたことがなかった。これは少々変である。むろん、担任の経験はなくても書くことはできるが、それは、あくまで、知見であって実践ではない。その本は「実践」についての本であったのである。

その先生の公開授業だというので、多少関心もあった。

その時に出した手紙である。

昨日は、研究授業を参観させていただきありがとうございました。私は自分から、他校での研究授業を参観したのは初めてなのですが、たいへんよかったと思っております。先生のお人柄のよさや、子供たちののびのびとした姿が印象に残りました。

用があって研究協議会に残れなかったので、こうして手紙を書いております。授業を見せていただいて、意見を述べないのは大変失礼なことだと、私は思っているのです。

私は、自分の問題意識にひきよせて、意見を言わせていただこうと思います。私は近く、明治図書から実践集を出す予定なのですが、その中の一冊を「社会科の授業」にしようと思っています。それの中心は、私の実践なのですが、それと共に「子供の考えを大切にするという授業の多くは、教師から与えられた資料に限定された『やらせ』の授業である」という批判を述べていくつもりなのです。これが、私の問題意識のある部分です。

先生の授業の目標は、大まかに言うと次のようでした。

単元の目標「――理解させる」(理解する?)

本時の目標「――理解の大切さに気付く」(気付かせる?)

この点だけに限定して、私の意見を述べてみたいと思います。

私は「理解」「知る」「気付く」という話の内容が限定されていないように思えました。目標の叙述の述語なのですから(動詞なのであり、教育活動の活動を示している語なのですから)、正確に指示範囲を限定する必要性を感じました。この出発点がぐらついているために(それが大きな原因となって)、次のような欠点が出たと思います。

(文体をかえます)

1　「理解する」活動と「知る」活動が分離されていない。「知った」後に「理解する」という活動があると思えるが、そういう思考の構造になっていない。

2　「知る」という活動の重要性が吟味されていない。

A　子供たちは、外国のことを「知らない」のであり、外国の教科書は「誤って知っている」のであるが、分離されていない(この二つの事態は別のことである)。

B　内部情報がほとんど蓄積されていない事態(子供の場合)に対しては、「情報」を知らせることが中心となるだろうが、「誤って知っている」外国の教科書には、「なぜ、誤って知っているのか」というような「情報」収集過程の不備を問題にする問いが考えられる。

3　「知る」ということに対して、「情報」の吟味を欠いている。

A　外国の教科書の情報を子供たちは得た。それを全面的に信頼して授業はすすめられた。私はこれは好ましいものと思わない。

いかなる「情報」であれ、「情報」そのものの信用度を疑うことを教えるのも大切なのではないかと思う。

かつての戦争中の軍の情報に対して、それをそのまま受けとめるような人間を育てはいけないと私は思っている。それが（つまり立脚点を吟味することが）科学の出発点であると思える。

原因Aと結果Bには、次の三点が成り立つ。

① AはBより時間的に先行する。

② Aが変わりBも変わる（共変関係がある）。

③ 原因Aは、他の条件から分離・統制されている。

このような「法則性」に限定された形で結論を言うべきであると考えている。

4 「理解する」という意味をとりちがえているように思える。「理解する」ことが必要であるのは、「異なる意見」があるからである。「異なる意見・主張」を前提として「理解する」活動はある。

教師の世界でよく使われる「共通理解」という言葉も、教師それぞれの意見のちがいを前提としている。政党、宗教団体等の「意思統一」とは、異なる概念である。

あの授業は「知る」という行為を、教師の用意した外国の教科書の抜き書きで部分的にしたものであるが、「理解」するという行為はなかったように思える。

5 「理解する」行為はなかったが、「理解することの必要性に気付く」行為はあったか？

私は、これもなかったと思う。あったのは、「知ることを必要とする」行為である。
しかし「知る」と「理解」は同じではない。
6 従って(「理解」と「知る」を分離しないために)、次のような視点がぬけていた。
A 「理解して」……不幸な状態になることもある
B 「誤解」に基づく……幸福な状態もある
それにもかかわらず、「理解する」ことの大切さを私は信じる、というような……。
これはまた、「なぜ、理解することが大切なのか」という教師自身への問いであると思える。
7 「総理大臣ならどうしたか?」は、全く、いらないと思う。
私は、かなり書きたいことを書いてしまったように思います。出すのをよそうかな、などとも思っています。先生のクラスのあの明るさ、「日本で一番えらい人」「先生」「そんなこと今言うんじゃないよ」という楽しさを思い出しながら、やっぱり出そうと思います。非礼の点はお許しください。

一九八一年二月六日

向山洋一

B先生

第6章

かけ出し時代と出立時の私信

1　研究授業でお世話になった先生へ

研究授業があると講師が来る。

私はほとんどの場合、後日、礼状を書いた。自分が授業者であったり、問題提起者であったりした時は、当然である。そんな時、校長である人の返信率が高かった。

一般的に言って、手紙の場合、校長の返信率は八〇パーセント、若い教師の場合は、二〇パーセント程度であった。しかも、人によって、ひどく差があった。

手紙の返事が書けないような教師は、たいした仕事ができないというのが私の実感である。忙しいというのは、出さない理由にならない。若い教師の五倍も十倍も忙しい人の方が、返事をくれるからである。

先日、筑波大附属小の有田和正氏と酒席で手紙のことを話し合ったことがある。有田氏も全く同感だということだった。ちなみに、有田氏の返事は早い。ついたかつかないかと思ううちに、墨痕鮮やかな和紙に毛筆の便りが届けられる。

新卒の時、九月になってすぐに、研究会があった。学校全体では「視聴覚教育」の研究をしていた。

講師は、相生小校長の原清太郎氏であった。私は、当日の司会者であった。研究会での原氏の批評は、歯に衣を着せぬものであった。研究会が終わって型通り、校長室で二次会になった。楽しい会であった。そして翌日、研究会の感想を含めて礼状をしたためた。原氏の返信は、早かった。

九月一九日付お手紙拝受。

またまた　先生の力には　驚きました。というのは、文章のセンスのよさ、その行間から　あふれる先生の教育観。とにかく、お若い先生なのに　将来共期待できる主張で感服です。このような姿勢から、あの立派な司会が成立するのでしょう。石川校長もきっとあなたに期待をかけていると思います。

私はどうも、教師としても、管理職としても、二流の域を出ないで、先生などにとても指導などとは言えないのですが。

未来に向かっての教育の世界に、一人でも多く真実の教師の出ることを願っています。どうしても「先生」になりたくてこの職を選んだ私として、教育界があまりにも期待はずれであったことが過去何回もありました。そして私は（戦前と戦後すぐですが）よほど教師をやめようかと考えたことがありました。でもそのころは世の中全体がもっと余裕があったような気がします。もっともその時の私自身が、ノンキだったのかも知れません。

今、私はやがて世代交代が行われていき、若い方々に　日本の、世界の教育を托して消えていく部類に入りかけています。その時、一体　未来の学校はどうなるのだろうかと、教師の全体的質の低下を私なりに悩んでいます。

その中で、先生のような方がいることを知ったのが、大変うれしく(おこがましくも)感ずるゆえんです。先生が森ケ崎のよさをみとめその中で生きようとしている姿勢、頭が下がります。

視聴覚教育だけの問題ではありません。先生の言う通り、子供をぬきにして考えられないということ、それは本当です。

しかし、「子供、子供」といって　そこに甘えている教師も多いのではないでしょうか。これは先生への反対ではなく自戒です。

とにかく、教育の仕事は本質的に保守的です。頭デッカチに概念的に偉そうなことを教えていれば、何だか気のすむような風潮もあります。

でも　本当は、教育も脳生理学、教育工学――ということから見なおされなければならないでしょう。

そして、その能率の上で先生のおっしゃるような人間のふれ合いをもっと大切にしなければなりません。

本物の教育とは……という先生自身の問いかけは、常に最重要事です。

教育は未来に生きる人間のためのものであり、現在の我々が　どうしたらよいのか、我々の賛意のみ(?)でよいのかいろいろ問題はありますね。

いつか　石川校長と私の学校の方へ出てきませんか。一杯やりながらゆっくり先生と話してみたいなどと思っています。勝手なことを書きました。

御自愛、御健闘を祈ります。石川校長によろしく。

九月二五日

相生小　原清太郎

向山先生

新卒当時の私は、学生運動挫折直後であった。当然のことながら「管理職は嫌い。できたらそばに寄りたくない」という心情を強くもっていた。この時も、講師に来ていただいた方への礼儀だと思って礼状を書いたのである。

しかし、自分の意見も率直に含めたはずである。私の接した、多くの校長たちは（半数くらいは）ふところの広い人だった。もちろん、中には、どうしようもなく保身的で、俗人な人もいたが、多くの人はちがっていた。


ここまでの内容は、かつて拙著に書いたことがある。これには「続き」がある。

新卒から一〇年近い年月がすぎた。私は調布大塚小学校に転任していた。

四月、人事異動を報じる新聞の中で、原校長の退職を知った。新卒の時以来、縁は切れていた。私は退職される原校長に、それまでの感謝の意をこめた礼状を書いた。

そして、その年の学級経営案を同封した（『教師修業十年』の巻末にある学級経営案である）。

私は礼を述べ、個性的な校長であった原氏に、「私は先生と反対の立場に立つことが多くあるとは思いますが、一度は、同じ学校で仕事をしてみたかったと思います」と感想を結んだ。

原氏からは、すぐに長い長い手紙が届けられた。私は、この手紙によって「教師としての生涯」を考えさせられた。また「先輩の教師」（それは誰であれ）に対する感謝の念を覚えた。

原氏は学級経営案を読んで、「新卒の時の向山と変わった」と言われた。私が教師として変化していく一つの道標の出来事として紹介したい。
なお、私の「学級経営案」に対するこれほど親切な「批評」は、その後ほとんどなかった。

向山さん
あなたから手紙と学級経営案をもらって、いろいろの感想をもちました。ここに手紙を書いても私の思うことの一〇分の一も表現できないでしょう。近頃、コトバは大変不自由なものだと思っていますし、まして書くとなると、本当に真実の意思は伝わりにくいと思っていますので。

まず第一に、退職して四カ月、あなたからこんな手紙をもらったことに、いたく感激しています。というのは、辞めると現職の人から教育の話をもちかけられることは大変少ないのです。これは私の実力の低いせいかもしれませんがネ。
個人的に、教育や学校運営やらのことを話しかけて来た人は、ホンの二〜三人にすぎません。

私は、退職したら、頼まれもしないのに現職の人に口を出すのはやめよう――と覚悟していましたから、どこかの学校へ遊びに行っても、そんな話はしないことにしています。退職というのは一応わがこと終われり、ということで今更言うべきではないのでしょうが。

その中で、こうして、あなたのような、現職の人が話しかけてくれるのは、大変うれしいことです。

別に先輩面して威張るつもりはありませんが、四〇年人生かけて来た仕事が（その評価は他人がすべきですが）よくも悪くも私にしみついていて、やはり忘れ去ることはできないのです。この意味で、あなたからの便りは、大変いい私への刺激でした。

それなら何をしているかというと、教育の分野ではあるところにトク名で原稿を書いたりしていますし、ある新聞社の論説委員と割に仲良くなってその論説の中に私の考えも入れ込んでもらったりしています。

そして、一人でも二人でも、まだ、この退職した私を必要とする人がいるなら、私はできるだけのことをしようと思っています。

実はおもしろいことがあります。まだ若くて（あなたよりも若いという意味）、私が、よく育てたつもりの人が、当然、この一学期のうちに何か私の意見を求めるだろう、と思っていたのに、何も言ってこなかったり、また、暑中見舞のハガキを、プツリとよこさなくなったり。

人の世はこんなものかと思っているところなんです。そして、本当の友だちとは何か——ということを今、実感として味わっています。

サテ次に感じたこと。

お手紙も、プリントも、二回読んでみましたが、「あなたが変わった」という感じ。

今、あなたは何歳になられたか、ちょっと分かりませんけど、今回の便り全体から「向山は変わった」

という印象をぬぐえません。

これは「教師として」「組織としての学校の一員として」大変たのもしい正常な道の上での変わり方です。たしかに今、私があなたといっしょだったら、これは楽しいだろうと思います。

須磨校長がいつも向山君はよくやっていてたのもしいと言っていましたが、今までは、少し須磨君は甘いんじゃないか、と内心思っていました。

私は、たしか前にもらったプリントに、批評して、いくつかクレームをつけたと思いますが、あなたのバイタリティには感服しながら、まだ、未熟な独りよがりがあると思っていたのです。

ところが今回は　ビックリしました。ゴメンナサイ、こんな言い方。

しかし本当にビックリしたのです。これであなたは　学校という組織の中で、正常な道で、バイタリティのある、たのもしい教師――として位置づけられることまちがいなしです。

須磨校長の先見の明に頭を下げます。

手紙に私と反対のことが多い、と書いていられるが、今回は私の方で反対することはありません。つまり今まで、私はあなたの考えに、若いための行きすぎや、独りよがりのようなものを感じていたのですが――多分、そこが、反対だったのでしょうが――今回は何も残っていないのです。

こういうような言い方をすると、年寄りは批判的にでき上がってしまって進歩がないなんてことで、また、あなたにきらわれるかも知れない。しかし、私は、四〇年の経験をムダにして来たとは思っていません。私にも、はじめから今のような考えのまとまりがあったのではない。いろんなことがあり、それは失敗や反逆の連続であったと思います。若い時のやり方を、今悔んでも仕方ないけど、でも、その時はその時なりに、まじめに考えて努力して来たんだ――という自負だけはあるのです。

ただ一ツ、ひそかに威張れることがあります。そしてこれは、中村先生という、私が、八年位、二ツの学校でつかえた校長さんも証明してくれることですけど――私はずい分校長に反対しました。教頭になってからでさえ反対は反対として来ました。それはその時の私の教師としての良心だったのです。

今考えると私の方が幼稚だったこともちろん沢山ありますけど……。

ところで、私は、どんなに反対でも、一たん校長が決めれば、最大限の協力はして来ました。反対だから働かない――というような非組織的な闘争はしませんでした。

これは大切なことで、私のひそかな誇りでもあります。

これができない教師が如何に多いことか、それでは組織はやっていかれません。

わたしの著書――去年出した『学校・当然の提言』（学芸図書）を読んでくれたかどうか知りませんが、そこにも私は書いておきました。学校は組織なのです。教師一人一人の私塾の集合ではありません。教師の自主性は、あなたのプリントにもあるように、国の、そして教委の、そしてその下の学校の目標・目的の中にだけあるので、自分勝手なことをしていいということではない。

話がそれましたが、私は、あなたに迎合して好かれるようにものを言おうとは思いません。そして、そこにこそ、理想を追求する教育の仕事が厳然として存在すると思っているのです。でも今回は、あなたと意見を異にすることは少ないと思います――前述したように。

一人一人意見はちがいます。それを校長は肯定しなければなりません。何しろ、校長は自分の好む人間だけを学校に揃える権限はないのですから。ある意味では、あてがわれたスタッフでやっていかなければなりません。

もちろん、好む人間だけ集め得たとしても一人一人の意見がすべて一致するなんてことはあり得ないでしょう。

さて一人一人意見がちがい、性格もちがい、そして実力すらちがっている人々を、一つの学校としてまとめて運営し、すべての責任をとらなければならない、ということは、大変なことです。あなたが書いたように、あまりにも無責任な校長がいるということ(私の著書『人間として教師として』に書いたこと)は悲しいことです。

しかしまた、校長が責任をとれないような状態にしてしまう教師たちも大勢いることも事実です。

そして校長は、学校にいるすべての子供や親に責任をもたねばならぬから、ある教師にはおだてることしかしないで、マアマアということで何とか被害を少なくくいとめようと努力する場合もあります。情けないことですが仕方ないのです。校長一人が、どうがんばってみたところで何もできません。

学校の成果は、そこにいるすべての人間のかかわり合いが、プラス・マイナスされて出てくる和にかかっています。もちろん、そこを、どうしていくか校長の責任は重いのですが、マイナスの人間がいれば、それを、プラスに変えることはできません。

さて　経営案のこと。

相変わらずあなたのバイタリティと努力と熱心さには敬服します。私にはこんな大部の経営案を書いたこともなければ、書くこともできません。

そして、国の方針から、教委、学校と来て、その中で（批判はありながら）学級経営をガッチリと考えている——その正常な方向に賛意を表します。

・第一頁のⅠ⑵の後半は、よく理解できない。
・〃　Ⅰ⑶「生きてゆく」は、「いきていく」の方が口語文として正しい。
・第二頁の上段の二行。大変思い切ったもの言い、賛成なんだけど、「丸ごと」という考えをもう少しつめないでは百パーセント賛成とは言えないかも知れない。これは次の、
・第三頁⑻の初めの二行とかかわりがあるがこれは大変よい見方である。だがここでも私にはどうもまだよく分からないような気がする——これは反対ということではなく、文で説明するのは（私の手紙もあなたのプリントも）むずかしいということでしょうネ。
・第一五頁　学校の教育目標のあり方は（特に下から五行目）その通りなんだけど、しかし現実に、私は、本校のような表現がいいと思っている。

（第一六頁のことと共にこれは後述）

・第一七頁最下段「保障してあげること」はまちがい。子供に対して「あげる」という敬語は不可。

さて教育目標のこと。

私は教頭になるまで「学校の教育目標」というのがよく分からなかった。

あなたが、教育基本法から始まって、学校教育法や学校の教育目標、学校の重点目標を経由して学級の目標を解釈し意見を加え批判し、そして、その中での自分の学級を見つめていく、その姿勢には敬意を表します。書いていることも、ほとんど賛成で、反対という程のことはない。あなたの若さで、これだけつっこんで考えていくということは、本当に珍しいことである。これは大変すばらしい。

しかし、学校の教育目標、重点、学級の目標・級訓、という系列で――あなたの論は整っているし、まちがっていないけれど――いろいろ内容的に変わって来ていること。それは、どうなのだろう。これ程のつみ重ねが必要なのかどうか。

私は、どうも屋上屋になりやすいような気がする。結局は、気に入ったコトバに言いかえたり、まとめて別のコトバにしたり、省略したり——ということにならないのだろうか。

国の目標から学校の目標は、大変包括的なもので、その中では、学級目標や級訓をどう書いても、はずれることはほとんどない。

つみ重ねて悪いというのではなく、それよりも、私は教師が常に「すぐ頭に浮かぶ」「常に分かっている」コトバにした方がよいと思っているのです。そのために、かんたんにするということだから私は、学校の教育目標を

考える子、働く子、明るい子

というコトバにしぼっていました。

あなたのような教師なら、あなたが書いているだけの「多さ」でいいんでしょうけど、さて何だっけとばかりプリントを広げてみないと分からないような、目標や重点が並べられているのを具体的、現実的によいことだとは思えないのです。常に子供も先生も頭においておけるコトバ——それが私の学校経営の具体的方策でした。

学校の教育目標は、その時点の、その学校の、重点である——と私は今思っています。

あなたが学校の実態を考え学級の実態を考えて、めあてをねって考えていること、それは大変いいことなんです。でもあなたにできることをすべての教師に求めてもだめだ

ということ、そして、現実的な効果を考えて、どの線で妥協するか、ということ――これが校長としてのやるべき姿なのです。まあこんなことも『学校・当然の提言』に書いているけれど。

あなたが六年生の教え子に最低限のことを保障しようということ。それは「できないかも知れない」という、能力差についてのはっきりした認識の上で――。そして、細かいレベルを考えていること。

これは感心しました。

大変でしょうが、がんばってください。ただし、能力の高い子の才能を伸ばすことを犠牲にしないように。

――これはひとりの教師がやるのでは限度があります。隣の組の先生とでもペアでやっていくことも考えた方がよいのではありませんか。

さて、いろいろ書きました。どうも論理的に書けないし読みかえしもしないし、いろいろ矛盾もあるかも知れません。ゴメンナサイ。

最初に書いたように　どうも真意は伝えにくいものです。

いつか拙宅へ遊びに来ませんか、ビールでも飲みながら話したいもの。

お元気で

がんばってください。あなたのような先生が多くなってほしいものです。

七月二七日

原　清太郎

2　青年教師・向山洋一出立の手紙

「現代教育科学」誌でくり広げられていた「出口論争」に対して、私は「教室からの発言」と題する論文を投稿した。一九八〇年二月号に掲載された。

ここから、現在の向山洋一が出発する。

私の論文を読まれた編集者は、「跳び箱は誰でも跳ばせられるか」を特集される。その時に、編集者に出した手紙が次の内容である。

拝復

1、お手紙にありましたような方向でけっこうでございます。特集の編集方針が決まり、それまでにいくらかの日数がありましたら、あの原稿に部分的に手を入れたいと思います（手を入れるのは、読みやすくしたいためです。内容の修正は必要ありませんので、あのままでもけっこうです）。

2、初めてのお便りでも述べましたが、私の教師生活にとって「出口論争」は、大変大きなできごとでした。二月号の投稿論文でもふれましたように、私は、「私の今まで」

に対して、自分で決着を付けざるをえない立場に立たされました。

私は、どこの研究団体にも所属しておりませんし、小さな（本当にささやかな）サークルでの研究活動しかしてきませんでした。そして、私はそれに、かなり満足しておりました。必要とされることは（極端に言えば、時代が必要とすることは）どなたかがやってくださるだろう、それでよいと思っていました。それに、私は、時代が必要とするような仕事の、ごく一部でもするような力量はありませんし、また、仮にあったとしても、私はたいへんおっくうでした。

どなたかがやってくださる、私はそれでよいと思っていました。

3、それが、自分に対してのやむにやまれぬ気持から、二月号への投稿となりました。二月号の私の論文は、私自身の生活へも、いささかの波紋を投げかけました。論文を読まれた方からの反響もそうですが、「日本教育新聞」の「教育雑誌書評欄」で「共感できる向山論文」と、タイトルに出たのが、波紋を広げたのです。

4、一度動き出した方向は、私自身でさえとまどいを感じる形で動き始めました。そして、問題の本質について、私なりに考え、それが公的な意味をもつものなら、私自身にできる仕事をやりとげていこうと決意するまでになりました。

それが、六月号の「跳び箱」批判ですし、高橋氏への反論（に含めた斎藤氏の授業論の批判）であったのです。

5、この論争がどうなっていくのか、（また論争として成立するかどうか）分かりませんが、「教育・科学論争」と匹敵するような巨大な論争的価値をもっていると私は思っております。

私にとって、著名な方々の実践や論理が、どう正当化、または批判されるということは、どうでもいいことなのです。多くの教師たちにとって、それは価値あるものとなるかどうかが大切なのです。

一九七〇年代に「教師・学校」に向けられた多くの批判に対して、私ども教師は、それに正面から答える必要があると思っています。それは、一名、二名の教師が答えるということではなく、多くの教師の、しかも何十通りもの答え方が必要とされていると思うのです。「答えが答えになっていなかった」「答えが独りよがりであった」というようなことが、教育実践の共有財産性をめぐる問題の核心にあると思っています。

6、私は、また、何人かの人と知り合いました。私は大西忠治先生に、今から八年も前に「借りものの理論・実践である」と、私的な形で批判されたことがあるのですが、今度のことをきっかけに、何度かの手紙のやりとりをして「私の実践・理論が借りものであることを示す先行研究をお教えください」とかいうように、問題点を整理することに成功いたしました。

7、教育実践記録は、一人称の視点からの叙述を必要としますし、教師の感情を説明せざるをえないようなこととなり、実はそれほど好きではないのです。小説なら、他者の視点で述べられますし、感動の押し売りをしないですみますし、ラブレターの公開みたいなみっともないことも避けられますし、いいと思っていたのです。

しかし、今度のことを通して、気が向かなくても（必要であると思っています）、教育実践記録に対して（教育実践を問題とする以上）、面と向かっていかざるをえなくなりました。

8、私自身の教師としての生き方に、かなり大きな影響を与えたことになります。

9、おいそがしい中を、このような手紙は迷惑かもしれません。

ただ、一人の教師が、一つの論文、論争とのかかわりで、自分の人生をどうしていこうとしているのか（大げさで、恐縮ですが）、というようなことまで考えていることを述べてみたかったのです。

10、六月号の、「実践記録」のもつ意味に対して、私以外に四名の方々が述べられていますが、私は率直に言って不満であったのです。

それは、概して、教育実践を私的な意味で受けとっており、かつ、何のことを書いているのか分からぬ論文もあったからです。

私とはちがって、皆、著名な方々ですし、大きな研究団体の中心にいる方々です。だからよけい、読んでいて、つらく思いました。（自分のひどさを棚上げして、そして、思い上がった表現を許していただいて言っているのですが）江部さんに共感してもらえたとの一文があったので（多分編集者は筆者にそういうことは言わないことなのでしょうから）、それに甘えて、「六月号を読んでいてつらく思った」ことを伝えたくて、ここまで述べてきました。失礼はお許しください。

向山洋一

江部　満様

3　授業論の覚書き

一九八〇年に「跳び箱は誰でも跳ばせられる」を主張した私は、その年、大西忠治氏の公開発表の場で明治図書出版の江部氏・樋口雅子氏にお会いする。

翌、一九八一年には、「授業研究」への連載を依頼される。「授業論」についての依頼である。

その時、樋口氏に送ったのが、次の手紙である。


お手紙拝見しました。了解しました。

授業読本ノート三冊も作って考えています。こんなことをするのは生まれて初めてです。それにしても、題が決まるというのは、「来たか」という気分がするとともに今までのもやもやが凝縮してくるものなのですね。

『授業読本』全体で、一つのまとまりのある論述にするというのを避けようと思います。丸谷才一の『文章読本』がそうであるように、井上ひさしの『私家版　日本語文法』がそうであるように、思いつくままのテーマの方が読みやすいと思えます。

「一回読み切り」という特性を生かして、書いてみるつもりです。

一応のプロットは、次の通りです。

1、授業論の覚書き
2、追究する
3、遊ぶ
4、指示する
5、確認する
6、教え著す
7、組み立てる
8、論争させる
9、ほり下げる
10、学び教える
11、描く
12、分析する

1、2、3については、できるだけ早く送ります。そうでないと三学期は公開発表（社会科）、生活指導主任会発表、卒業が重なり殺人的忙しさになってしまいます。

1（四月号）、2、3の主な内容は次の通りです。

1、私の「授業論」のための覚書き。骨格部分の論述

例・すぐれた教師の教育的行為は、その教師の力の表現ではあるが、その教師の力の本質ではない。

・個々の教育技術の総和が、すぐれた教育的行為をもたらすように思えるがそうではない。教育技術は、教育的行為の一つの現象にすぎない。教育的行為は、その教師

の教育観の具体的表現なのである。

・すぐれた教育観によって、すぐれた教育的行為はもたらされる。すぐれた教育観とは何か、それは、その教師の社会観、人生観の照りかえしとしての、人間に対するいとおしさをもとにした、子供の進歩を具体化させる不屈の精神なのである。

・すぐれた教育観があれば、すぐにすぐれた教育的行為が生まれるのではない。何ごともそうであるように、すぐれた思惟とすぐれた行為の間には、それをうめる時間と経験（学習）を必要とする。

・この両者のみぞをうめるために、必要なものは何か？　次の三つである。

1　知性（教養）
2　主体性
3　高度な技術（その昇華としての「芸」「直観力」）

・直観力とは何か、それは無数の経験、修業によってもたらされた瞬間的選択機能である。職業上のカンは意識的修業の結果なのである。

2、追究する　高橋金三郎氏の逆上がりの分析への批判

例・高橋金三郎氏は「現代教育科学」一月号で次のように言う。
逆上がりは、背筋力と関係がない。

・これは明白な誤りである。本誌読者諸兄姉の力をお借りして、これを証明したい。
また「逆上がり指導」の「説」をつくりあげたい。

・クラスの児童を、次の分類で調査していただきたい。

A　けんすいが一回以上できる
B　けんすいが一回もできない

㋑のぼり棒がのぼれる
㋺のぼり棒が半分
㋩のぼり棒はのぼれない

逆上がり	
できる	できない

・私は断言する、けんすいが一回できれば、逆上がりはできる。

・「跳び箱」「水泳」「逆上がり」の指導の基本はちがうのである。異なることを意識することこそ大切なのである。

・一〇〇メートル徒競走を例にとる。この種目で、リズムを教えれば、速く走れるか、否である。ジョギングで体力をつけること、補助運動で筋肉をきたえることなどが指導の中心である。「逆上がり」は、この「一〇〇メートル競走」に似ている。

・アインシュタインが経済学について述べても人はあまり聞かない。自然科学者が「逆上がり指導」について述べても、どういうことはない。しかし「教育」の中では何でこんなことが許されているのか？

五月号の「逆上がり」の内容は、論争的性格をもっています。それを「読者参加」という形式をもった論争として成立させ、（跳び箱と同様に、今までちっともはっきりしなかった）「逆上がり」指導の一つの説を確立することをねらいとしています。

本当は、これを四月号にもってきたかったのですが、四月号は三月一三日の発売ですので、時期が悪いと判断して、五月号にすることにしました。

以上、おいそがしい樋口さんに対して、長い文となってしまいました。お許しください。

一九八一年八月四日

向山洋一

樋口雅子様

追伸　A、「私も同じ実践者として、考えに考えた末に、やむにやまれぬ気持ちで始めた論争ですので、やり通そうと思っています」という便りと拙著を送りました。喜博氏から「身体がよくなってから読むのを楽しみにしております」という返信がありました。

B、ただ一つ残念なのは、喜博氏と同じ所で、授業ができなかったことです。二人が同じ学校で授業を公開できればと思いました（しかし、彼が残した授業記録を追うという方法がありますが……）。

私は、授業者であるのですから……。

今読みかえしてみて私は私なり、一生懸命手紙を書いていたのだと思う。私なりの熱意が、今の私にさえ伝わってくる。

私は自分なりの志が、あるいは表現していきたいことが心の奥底にあったのだと思う。江部・樋口両氏と出あうことで、奥にかくれていたものが、ひっぱり出されたのである。江部・樋口両氏と出あうことで、私は飛翔し始めることになった。

解説

「人との出会い」、「授業との出会い」、「教育との出会い」、
教師としての最先端の生き方が学べる名著！

TOSS KIDS SCHOOL講師　星野裕二

本書の旧版が出版されたのは、一九九〇年。

その時私は三二歳。法則化運動に参加して五年目を迎えた、まさに「若き授業者」の一人であった。

謙虚さに欠ける、生意気が服を着て歩いているような教師だった。

そんな、私が『若き授業者への私信』から、何を学んだのか。

それは、

教師としての生き方の神髄

であったように思う。

「思う」と書いたのは、二五年も前のことなのではっきりと断言することができないから

である。

本書は、向山氏が書かれたさまざまな人々への手紙で構成されている。

手紙の相手は、学校の同僚（先輩や後輩）、大学の研究者、すぐれた実践家、法則化の仲間、そして、向山氏の弟、向山行雄氏である。

この手紙から私たちは何を学ぶことができるのか。

それは、

教師としての最先端の生き方

である。

向山氏は次のように言う。

「この本は、自分の生き方をさらすことによって『若い教師へのメッセージ』となっているのである」

今や、ＴＯＳＳは一万人を超える日本一の民間教育団体に成長した。

そして、今も、若い世代のスターが続々と誕生しその勢いは止まらない。

なぜ、ＴＯＳＳはこのように成長し続けるのか？

それは、本著で向山氏が主張された「教師としての最先端の生き方」が、ＴＯＳＳに集う教師に脈々と受け継がれているからだと私は思う。

この最先端の生き方は、二五年たった今も変わらない不易流行の教えであるということが本著を読めば分かる。

そして、この最先端の動きがＴＯＳＳを成長させ続ける大きな要因になっているのだと、二五年たった今、読み返して実感している。

では、「最先端の動き」とは何か。

それは、次の三つである。

1　人との出会い↓「人間のあり方」
2　授業との出会い↓「授業論」
3　教育との出会い↓「教育論」

向山氏の周りには、常に最先端の情報知を持った人々、教育に情熱を燃やす人々人が集まってくる。

それは、なぜなのか。

それは、向山氏の人間としての生き方の素晴らしさへの感動、向山氏の語る授業論、教育論への感動があるからではないかと私は考える。

時代は日々進化する。そして、教育のニーズもそれにつれて変化する。

しかし、教師としての生き方はどうあるべきなのかということの原点は変わらない。

同僚の研究授業を見た時に、私たちは何をどうすればいいのか。

先輩の授業を参観した時に、どのような感想を書けばいいのか。

自らの志を伝え、志を共にする仲間をどのようにして増やしていくのか。

私は、この本を「現代の若き授業者のみなさん」にぜひ、ぜひ、読んでいただきたいと願っている。

そして、「教師としての最先端の生き方」としての「出会い」ができる人材になってほしいと願っている。

本著は、日本の、いや、世界の若き授業者への向山洋一氏からの珠玉のメッセージなのである。

「授業がうまくなりたい」と切望する全ての人への私信（指針）!!

広島県東広島市立寺西小学校　笠井美香

私は、四年前、初めて初任者の指導教員になった。チョークの持ち方・黒板の消し方も知らなかった彼女に発問・子どもへの対応などを教えるのはとても大変だった。彼女の授業を見るのは、一週間に一日、一時間だけだった。二年生のクラス担任をしていた私は、思うように彼女に指導することができなかった。そんな時に手にしたのが、『若き授業者への私信』であった。授業を見ての授業者への向山先生の手紙に魅せられた。特に、教育実習生のK・Aさんへの向山先生の私信は、「授業がうまくなるコツ」「自分の授業のあり方の答え」がいっぱい詰まっていて、こんな表現方法があったのかと、驚きと感動が私を突き動かした。初心者指導はいかにあるべきか悩んでいた私にとって、手紙の内容が「教える内容～授業をする心構え（指針）～」となり、伝える方法が「手紙（私信）」となった。そして、私は、授業をちょっとでも見たら、手紙に自分の思い・感じたこと、代案を書いた。

さて、初任者の彼女は、誰もやりたいと言わなかった市の教育研究会国語部会の授業者に立候補した。「名前を見てちょうだい」。クライマックスの一文を検討する授業だ。子どもたちがたくさん意見を言った。二年生の子ども達が言い合う場面が何回もあった。しかし、その後の協議会では、案の定、「ここでは、えっちゃんの気持ちを聞くべきである」「細切れに子どもが意見を言っていた。もっとしっとりとした読みをした方がいい」などと言われた。しかし、彼女は、そんな不思議な意見に対して、自分の思いを素直に述べた。私も文を読むとはどういうことかを語り、子どもの発言のすばらしさについて述べた。彼女は、授業が終わって、いっぱい泣いた。私に何度も「ありがとうございます」と言った。私は、そんな彼女に、向山先生がK・Aさんに書かれた手紙をそっくりそのまま書き写して渡した。

1、子供の意見が聞きとれていないようです。
2、「それまでの意見をくくる」ことができていません。
3、「くくった意見のどれに賛成するか」挙手をさせます。
4、「教師の論理が優先されている」場面が目につきました。
5、「ユニークな意見」が無視されています。
6、子供の発表を、いちいち教師がまとめる(くり返す)必要はありません。
7、〇〇君の手が挙がっていたのに(大事な時)見のがしました。

8、「なぜ」ということは、できる限り問わない。「どのように」という形で問うことが大切です。
9、日ごろのことですが、教えすぎのようです。一問一答になっています。もっと、「大きな問題」を与えて、いろいろ考えを聞いた方がいいようです。

向山先生は12項目を書かれていたが、私は、彼女の授業にあてはまる9項目を書いて渡した。「授業に対する強い思いが出ていました。今やっと、教師修業が始まったばかりです。これから、正しく勉強していけば、子どもがよく見えるようになります。先生の授業は子どもがいい、悪いを教えてくれます」という言葉を添えて。

彼女にはあとで「実は、あの手紙は、私の尊敬する先生が書かれた手紙なんだよ」と種明かしをしたが、「自分のことにぴったり合っていて、その通りでびっくりした」と言っていた。私は、向山先生が記された12項目をノートの裏表紙に貼っていたが、彼女もまた、この手紙に自分を重ね、ノートに貼っていた。

私は向山先生の手紙に魅せられた。それは、手紙がその人だけに向けられた大切なものだからだ。しかも手紙の文がストレートに胸に迫ってくる。授業は、自分の考え・思想の表れである。そんな授業に手紙をくださる。まさに、日記に書かれたその人だけの赤ペンだ。向山先生に、「赤ペンは、ラブレターを書くように書く」と教えていただいた。もらった方は、心を撃ち抜かれたに違いない。

退職まで数年というヴェテランの先生である桐谷先生は、社会科の研究授業を自分からされた。年をとると、進んで授業をしない人が多い。「若い人にやってもらいましょう」と若い人に授業をさせ、「あれはいけない」「これはだめ」と足を引っ張るコメント(それも思いつき)を言う。桐谷先生は違う。そんな桐谷先生に向山先生は手紙を書かれた。尊敬し誠実に書かれた向山先生の手紙も桐谷先生も私の憧れとなった。私も、授業をした先生への手紙を、ラブレターを書くように書く。「先生の明るく元気な授業は大好きです」などとその人の良さを書く。すると、手紙を渡した先生は全員、私のことを好きになってくださり、私がしていることを応援してくださるようになっている。向山先生のたくさんの方々にあてた手紙は、実は、「授業がうまくなりたい」と切望している全ての人の指針となり、手紙を読んだ全ての人の私信(ラブレター)となっている。

学芸みらい教育新書 ⓮

プロを目《め》指《ざ》す授《じゆ》業《ぎよう》者《しや》の私《し》信《しん》

2016年3月15日　初版発行

著　者　向《むこう》山《やま》洋《よう》一《いち》

発行者　青木誠一郎

発行所　株式会社学芸みらい社
〒162-0833 東京都新宿区箪笥町31 箪笥町SKビル
電話番号 03-5227-1266
http://gakugeimirai.jp/
E-mail：info@gakugeimirai.jp

印刷所・製本所　藤原印刷株式会社

ブックデザイン・本文組版　エディプレッション（吉久隆志・古川美佐）

落丁・乱丁は弊社宛にお送りください。送料弊社負担でお取替えいたします。

ISBN978-4-908637-09-4 C3237

GAKUGEI
MIRAISHA